인기 강아지 도감 174

NINKI NO KENSHU ZUKAN 174 supervised by Kazumasa Sakusa
Copyright ⓒ Nitto Shoin Honsha Co., Ltd. 2006
All rights reserved.
Original Japanese edition published by Nitto Shoin Honsha Co., Ltd.

Korean translation copyright ⓒ 2010 by Gbrain
This Korean edition published by arrangement with Nitto Shoin Honsha Co., Ltd., Tokyo,
through HonnoKizuna, Inc., Tokyo, and BC Agency

이 책의 한국어판 저작권은 BC 에이전시를 통한 저작권자와의 독점 계약으로 지브레인에 있습니다.
저작권법에 의해 한국 내에서 보호를 받는 저작물이므로 무단전재와 복제를 금합니다.

인기 강아지 도감 174

ⓒ 일동서원 본사편집부, 2010

초 판 1쇄 발행일 2010년 12월 22일
개정판 10쇄 발행일 2025년 3월 3일

글·사진 일동서원 본사편집부
감수 사쿠사 카즈마사(Kazumasa Sakusa)
옮긴이 강현정
펴낸이 김지영 **펴낸곳** 지브레인^{Gbrain}
편집 김현주
제작·관리 김동영 **마케팅** 조명구

출판등록 2001년 7월 3일 제2005-000022호
주소 04021 서울시 마포구 월드컵로7길 88 2층
전화 (02)2648-7224 **팩스** (02)2654-7696

ISBN 978-89-5979-551-2(13490)

- 책값은 뒤표지에 있습니다.
- 잘못된 책은 교환해 드립니다.
- 해든아침은 지브레인의 취미·실용 전문 브랜드입니다.

한권으로 보는 전 세계 강아지 지식백과

인기
강아지
도감
174

일동서원 본사편집부 글·사진
사쿠사 카즈마사 감수
강현정 옮김

012   강아지 관련 용어 해설 ^{Dog's Wording Comment}

018   견종 그룹 ^{Groups Comment}

020   개의 피모와 컬러 ^{Dog's hair&Color}

024   개의 몸과 귀 ^{DOG's Body & Parts}

025   이 책을 보는 방법 ^{Explanatory notes}

· ·

028   닥스훈트 ^{Dachshund}

034   치와와 ^{Chihuahua}

038   푸들 ^{Poodle}

042   요크셔테리어 ^{Yorkshire Terrier}

046   빠삐용 ^{Papillon}

050   웰시 코기 팸브룩 ^{Welsh Corgi Pembroke}

054   시추 ^{Shih Tzu}

058   포메라니안 ^{Pomeranian}

062   래브라도 리트리버 ^{Labrador Retriever}

066   미니어처 슈나우저 ^{Miniature Schnauzer}

070   시바견 ^{Shiba}

072   말티즈 ^{Maltese}

074   카발리어 킹 찰스 스패니얼 ^{Cavalier King Charles Spaniel}

076   비글 ^{Beagle}

078   골든 리트리버 ^{Golden Retriever}

080   퍼그 ^{Pug}

목차

- 082 프렌치 불독 French Bulldog
- 084 미니어처 핀셔 Miniature Pinscher
- 086 아메리칸 코커스패니얼 American Cocker Spaniel
- 088 셰틀랜드 십독 Shetland Sheepdog
- 090 잭 러셀 테리어 Jack Russell Terrier
- 092 보더 콜리 Border Collie
- 094 보스턴 테리어 Boston Terrier
- 096 웨스트 하일랜드 화이트 테리어 West Highland White Terrier
- 098 페키니즈 Pekingese
- 100 버니즈 마운틴 도그 Bernese Mountain Dog
- 102 이탈리안 그레이하운드 Italian Greyhound
- 104 불독 Bulldog
- 106 잉글리시 코커스패니얼 English Cocker Spaniel
- 108 플랫 코티드 리트리버 Flat Coated Retriever
- 110 와이어 폭스 테리어 Wire Fox Terrier
- 112 달마시안 Dalmatian
- 114 재패니즈 스피츠 Japanese Spitz
- 116 케언 테리어 Cairn Terrier
- 118 친 Chin
- 120 저먼 셰퍼드 독 German Shepherd Dog
- 122 도베르만 Dobermann
- 124 피레니안 마운틴 도그 Pyrenean Mountain Dog
- 126 비숑 프리제 Bichon Frise
- 128 시베리안 허스키 Siberian Husky

130 복서 German Boxer
131 보르조이 Borzoi
132 스코티시 테리어 Scottish Terrier
133 바셋 하운드 Basset Hound
134 아이리시 레드 세터 Irish Red Setter
135 와이머라너 Weimaraner
136 세인트 버나드 Saint Bernard Dog
137 미니어처 불 테리어 Miniature Bull Terrier
138 그레이트 데인 Great Dane
139 뉴펀들랜드 Newfoundland
140 잉글리시 스프링거 스패니얼 English Springer Spaniel
141 바센지 Basenji
142 로트와일러 Rottweiler
143 휘핏 Whippet
144 아프간하운드 Afghan Hound
145 아키타견 Akita
146 차이니스 크레스티드 도그 Chinese Crested Dog
147 카이 Kai
148 노포크 테리어 Norfolk Terrier
149 웰시 코기 카디건 Welsh Corgi Cardigan
150 살루키 Saluki
151 에어데일 테리어 Airedale Terrier
152 올드 잉글리시 십독 Old English Sheepdog
153 오스트레일리안 셰퍼드 Australian Shepherd

목차

- 154 쁘띠 바셋 그리펀 벤딘 Petit Basset Griffon Vendeen
- 155 브뤼셀 그리펀 Brussels Griffon
- 156 사모예드 Samoyed
- 157 티베탄 스패니얼 Tibetan Spaniel
- 158 토이 맨체스터 테리어 Toy Manchester Terrier
- 159 재패니즈 테리어 Japanese Terrier
- 160 러프 콜리 Rough Collie
- 161 비어디드 콜리 Bearded Collie
- 162 폴리시 롤랜드 쉽독 Polish Lowland Sheepdog
- 163 댄디 디몬트 테리어 Dandie Dinmont Terrier
- 164 벨지안 셰퍼드 독 테뷰런 Belgian Shepherd Dog Tervueren
- 165 라사 압소 Lhasa Apso
- 166 볼로네즈 Bolognese
- 167 실리엄 테리어 Sealyham Terrier
- 168 알래스칸 말라뮤트 Alaskan Malamute
- 169 웰시 테리어 Welsh Terrier
- 170 아메리칸 스태포드셔 테리어 American Staffordshire Terrier
- 171 베들링턴 테리어 Bedlington Terrier
- 172 레온베르거 Leonberger
- 173 차우차우 ChowChow
- 174 레이크랜드 테리어 Lakeland Terrier
- 175 티베탄 테리어 Tibetan Terrier
- 176 불 테리어 Bull Terrier

177 스태포드셔 불 테리어 Staffordshire Bull Terrier

178 스키퍼키 Schipperke

179 벨지안 셰퍼드 독 그로넨달 Belgian Shepherd Dog Groenedael

180 오스트레일리안 캐틀 도그 Australian Cattle Dog

181 아이리시 울프하운드 Irish Wolfhound

182 쿠이커혼제 Kooikerhondje

183 케리 블루 테리어 Kerry Blue Terrier

184 나폴리탄 마스티프 Neapolitan Mastiff

185 잉글리시 세터 English Setter

186 풀리 Puli

187 벨지안 셰퍼드 독 마리노이즈 Belgian Shepherd Dog Malinois

188 스탠더드 슈나우저 Standard Schnauzer

189 기슈견 Kishu

190 자이언트 슈나우저 Giant Schnauzer

191 브리타니 스패니얼 Brittany Spaniel

192 보더 테리어 Border Terrier

193 불 마스티프 Bull Mastiff

194 노리치 테리어 Norwich Terrier

195 오스트레일리안 켈피 Australian Kelpie

196 보르도 마스티프 Bordeaux Mastiff

197 포르투갈 워터 도그 Portuguese Water Dog

198 샤페이 Shar Pei

199 파슨 러셀 테리어 Parson Russell Terrier

목차

- 200 그레이하운드 Greyhound
- 201 클럼버 스패니얼 Clumber Spaniel
- 202 오스트레일리안 테리어 Australian Terrier
- 203 로디지안 리지백 Rhodesian Ridgeback
- 204 보비에 드 플란더스 Bouvier Des Flanders
- 205 체서피크 베이 리트리버 Chesapeake Bay Retriever
- 206 그레이트 재패니즈 도그 Great Japanese dog
- 207 케이스혼드 Keeshond
- 208 헝가리안 쇼트헤어드 비즐라 Hungarian Shorthaired Vizsla
- 209 라지 먼스터랜더 Large Munsterlander
- 210 저먼 쇼트헤어드 포인터 German Shorthaired Pointer
- 211 컬리 코티드 리트리버 Curly Coated Retriever
- 212 킹 찰스 스패니얼 King Charles Spaniel
- 213 노르웨이안 엘크하운드 Norwegian Elkhound grey
- 214 노바 스코샤 덕 톨링 리트리버 Nova Scotia Duck Tolling Retriever
- 215 홋카이도견(아이누견) Hokkaido
- 216 슬루기 Sloughi
- 217 스페니시 마스티프 Spanish Mastiff
- 218 타이 리지백 도그 Thai Ridgeback Dog
- 219 아펜핀셔 Affenpinscher
- 220 아이리시 테리어 Irish Terrier
- 221 벨지안 그리펀 Belgian Griffon
- 222 스무스 콜리 Smooth Collie

223 스무스 폭스 테리어 Smooth Fox Terrier

224 시코쿠견 Shikoku

225 쁘띠 브라바콘 Petit Brabancon

226 잉글리시 포인터 English Pointer

227 도고 아르헨티노 Dogo Argentino

228 디어하운드 Deerhound

229 푸미 Pumi

230 피레니안 마스티프 Pyrenean Mastiff

231 파라오 하운드 Pharaoh Hound

232 마스티프 Mastiff

233 아이리시 소프트 코티드 휘튼 테리어 Irish Soft Coated Wheaten Terrier

234 고든 세터 Gordon Setter

235 저먼 와이어헤어드 포인터 German Wirehaired Pointer

236 피레니안 십독 Pyrenean Sheepdog

237 스카이 테리어 Skye Terrier

238 화이트 스위스 셰퍼드 독 White Swiss Shepherd Dog

239 맨체스터 테리어 Manchester Terrier

240 로첸 Lowchen

241 오스트레일리안 실키 테리어 Australian Silky Terrier

242 벨지안 셰퍼드 독 라케노이즈 Belgian Shepherd Dog Laekenois

243 웰시 스프링거 스패니얼 Welsh Springer Spaniel

목차

- 244 페루비안 헤어리스 도그 Peruvian Hairless Dog
- 245 도사견 Tosa
- 246 블러드하운드 Bloodhound
- 247 이비잔 하운드 Ibizan Hound
- 248 저먼 헌팅 테리어 German Hunting Terrier
- 249 필드 스패니얼 Field Spaniel
- 250 마렘마 십독 Maremma and Abruzzes Sheepdog
- 251 브리아드 Briard
- 252 티베탄 마스티프 Tibetan Mastiff
- 253 브라질리언 가드 독 Brazilian Guard Dog
- 254 아이리시 레드 앤 화이트 세터 Irish Red and White Setter
- 255 코톤 드 튤레어 Coton de Tulear
- 256 한국 진도견 Korea Jindo Dog
- 257 에스트렐라 마운틴 독 Estrela Mountain Dog
- 258 베르나 하운드 Berner Hound
- 259 쿠바츠 Kuvasz
- 260 멕시칸 헤어리스 도그 Mexican Hairless Dog
- 261 코몬도르 Komondor
- 262 베르제 드 보스 Berger de Beauce
- 263 노르웨이안 부훈트 Norwegian Buhund

- 264 찾아보기

강아지 관련 용어 해설

서클
철제나 플라스틱제 펜스를 뜻하며 실내에서 사는 반려견을 위해 사용한다. 평소 개가 머무는 공간을 둘러싸고 안에 하우스나 화장실, 식기 등을 넣어준다.

하우스
개가 침대로 사용하는 용품. 개가 안심하고 지낼 수 있는 동굴 모양이 좋다.

화장실

화장실 시트를 고정할 수 있는 것이 좋다.

화장실 시트
화장실에 까는 시트 형태의 종이. 강아지가 화장실 버릇을 익힐 때까지 서클 전체에 깔아두고 아무 데서나 볼일을 봐도 괜찮도록 적응기간을 둔다.

펫히터
펫 전용 전기히터. 방석 모양의 펫히터를 이불 밑에 깔고 사용한다.

캐리어
반려견을 넣어 운반할 수 있는 용구. 캐스터가 달렸거나 가방 모양, 등에 매는 모양, 케이지 모양, 연결해서

넓은 공간으로 사용할 수 있는 모양 등 여러 가지 타입이 있다.

리드
목줄. 벨트 모양이나 단면이 둥근 끈, 체인 등 여러 가지 타입이 있다.

초커
목걸이와 일체화된 타입의 리드. 뒤로 잡아당기면 목줄 부분이 조이므로, 훈련 시 이용한다.

솔 브러시
돼지털 등으로 만든 브러시. 단모종을 빗질할 때 편리하며 털에 윤기를 내준다.

슬리커 브러시
금속제로 바늘 모양의 핀을 심은 브러시. 빠진 털을 제거하거나 엉킨 털을 풀거나 결을 정리하는 용도이며, 털이 부드러운 장모견에게 적합하다. 바늘이 개의 피부에 닿으면 상처가 나

므로 몸에는 닿지 않게 사용해야 한다.

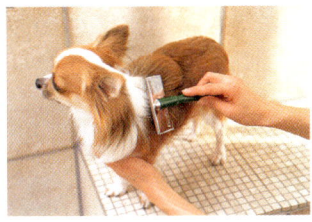

핀 브러시

끝이 둥근 핀을 심은 브러시. 오버코트에서 빠진 털을 제거하거나 엉킨 장모의 결을 정돈한다. 피부에 자극을 주는 효과도 있다.

일자빗 comb

빠진 털 등을 제거하고 결을 정리해준다.

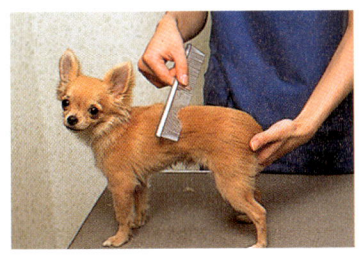

트리밍

개나 고양이의 외모를 깨끗하게 정돈해주기 위해서 털을 깎거나 목욕시키는 것.

그루밍

개가 스스로 하는 피모 손질로 브러싱이나 트리밍 효과가 있다.

당김운동

개에게 리드를 달아서 도보나 자전거와 나란히 걷게 하는 운동.

자유운동

개에게 리드줄 없이 자유롭게 달리거나 놀게 하는 운동. 도그런 등에서 한다.

도그런

리드를 풀어 개가 자유롭게 뛰놀 수 있는 전용 운동장.

트리머

개나 고양이 미용사.

브리더

개나 고양이의 순종 번식가.

환모기 (털갈이 시기)

피모가 빠지고 새로 나는 시기로, 계절의 기온변화로 일어난다. 10~11월경 생겨난 언더코트는 겨울털이 되었다가 4~5월경 빠지기 시작한다.

패드

발바닥의 육구. 다리에 가해지는 부담을 완화시키는 쿠션 역할을 하며 미끄러짐 방지 효과도 있다.

늑대발톱

개의 다리에 있는 발톱으로 퇴화된 엄지 부분에 있다. 오래 전 늑대였을 때의 흔적이다. 대개는 앞다리에 있는데, 그레이트 피레네는 뒷다리에도 있다.

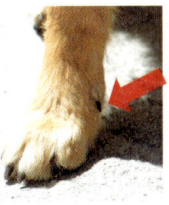

강아지 관련 용어 해설

단이
도베르만이나 복서, 그 레이트 데인 등 본래 늘어진 귀를 가진 견종의 귀를 뾰족하게 선 귀로 만들기 위해서 생후 3~5개월경 마취시키고 귀의 일부를 절제하는 것이다. 유럽 여러 나라에서는 금지시키며, 단이시킨 개는 아예 수입 금지되기도 한다.

단미
외모를 정돈하기 위해서 생후 10일경 꼬리를 절단하는 것이다. 유럽 여러 나라에서는 금지되어 있고, 단미시킨 개는 아예 수입 금지되기도 한다.

영역
개는 영역을 표시하기 위해 산책할 때 여러 장소에 오줌을 눈다.

마킹
주로 산책할 때 여러 장소에 오줌을 눠 냄새를 묻히는 것. 개의 두상이나 몸에 들어간 무늬를 가리키기도 한다.

헛울음
경계할 필요가 없는데도 개가 주인의 제지를 듣지 않고 짖어대는 것.

기생충
동물의 몸에 기생해 질병을 발생시키는 벌레. 벼룩이나 진드기 등 몸의 외부에 기생하는 외부기생충과 개사상충(필라리아)이나 회충 등 심장이나 장내 등 내부에 기생하는 것이 있다.

필라리아
개사상충 등의 기생충이 혈관에 들어가 증식하면서 개의 몸을 좀먹는 질병. 이 기생충의 매개인 모기가 발생하기 1개월 전부터, 보이지 않는 1개월 후까지 예방약을 먹이면 대부분 막을 수 있다.

광견병
일단 발병하면 치료방법이 없고, 거의 100퍼센트 사망에 이르는 무서운 바이러스성 감염증. 신경이 망가지고 끔찍한 증상을 보이며 사람을 공격하기도 한다. 광견병 바이러스는 개뿐만 아니라 다른 동물에게서도 옮으며, 사람을 포함한 모든 포유류에게 감염된다. 때문에 반려인은 봄·가을 광견병 예방주사를 해주는 것이 좋다.

백신주사
개의 전염병을 예방하는 주사. 연2회의 접종으로 전염병을 예방할 수 있으니 맞히는 것이 좋다. 특히 새끼 때는 반드시 백신주사를 맞혀야 한다.

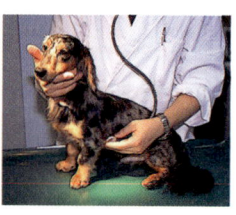

항문선
냄새를 유발하는 원인이 집결되어 있는 취선으로 항문 옆에 있다. 내버려두면 파열될 수 있으니 정기적으로 짜주는 것이 좋다.

컴패니언 도그(반려견)
반려견으로 키우는 개.

토이 도그
애완견.

Dog's Wording Comment

하딩 도그
목양견, 목축견, 호양견 등 목축에 이용되는 개의 총칭. 콜리나 보더 콜리 등이 대표적인 견종. 하딩은 영어로 '가축들을 모은다'는 뜻이다.

건 독
새를 쫓아내는 잉글리시 코커스패니얼이나 사냥감이 있는 장소를 알리는 포인터나 세터, 사냥꾼이 쏜 사냥감을 회수하는 리트리버 등, 새 사냥을 돕는 조렵견.

스피츠 계열
스피츠나 시바견 등 뾰족하게 선 귀와 뾰족한 구문(입 주변 전체)을 가진 견종.

목축견
소나 돼지 등의 목축을 감시하거나 유도하는 개.

목양견
양떼를 감시, 유도하는 개. 대표적인 견종으로 콜리가 있다.

테리어
오소리나 여우, 쥐사냥 등에 이용되는 수렵견 종의 총칭. 땅굴 속에 숨어 있는 사냥감을 쫓아내거나 끌어내는 등 사냥을 돕는 데서 '땅'이라는 뜻을 가진 라틴어 이름이 붙었다.

호양견
해수나 적으로부터 양을 지키는 푸리나 코몬도르 등의 개. 늑대와도 맞서 싸울 만큼 용맹하다.

오소리
유럽이나 미국, 일본에 서식하며 목장이나 농지에 굴을 파서 피해를 끼치는 족제비과의 동물. 이 동물을 구제驅除하기 위해서 수많은 견종이 만들어졌다.

캐틀 도그
소(영어로 캐틀)떼를 유도하는 개. 목축견.

강아지 관련 용어 해설

하운드
사냥감을 추적하기 위해 만들어진 수렵견의 총칭.

센트 하운드
후각을 이용해 사냥감의 냄새를 더듬어가는 하운드.

사이트 하운드
멀리서 사냥감을 발견하면 전력질주해서 쫓는 시각형 하운드. 스마트한 체형이다.

워킹 도그
경비나 호위, 구조, 탐색, 하차인도, 썰매끌기 등 사냥 외에도 인간을 위해서 일하는 개.

워터 도그
바다나 강, 호수 등에서 수중작업을 하는 수영 실력이 뛰어난 개.

마타기견
일본에서 오래전부터 사냥에 이용된 개의 총칭. 아키타견 등이 그 피를 이어받았다.

투견
개끼리 싸움을 시키는 것. 토사견이나 옛날의 스태포드셔 불 테리어 등이 유명.

군용견
전령이나 감시 등의 군병 일을 돕는 개. 독일 셰퍼드 독이나 도베르만, 그레이트 데인 등이 대표 견종.

경찰견
경찰의 범죄수사에서 냄새를 추적하거나 순찰 등에 활약하는 개. 한국에서는 독일 셰퍼드나 래브라도 리트리버 등 3견종이 이용된다.

마약견
공항 등에서 화물에 숨겨진 마약류의 냄새를 맡고 찾아내는 개.

화재구조견
화재 시 무너진 잔해에 깔린 생존자를 냄새로 탐색하고 구조하는 개.

해상구조견
해상재난을 당한 사람을 구조하는 개. 뉴펀들랜드가 유명

Dog's Wording Comment

맹도견
시각장애인을 돕는 개. 래브라도 리트리버가 대표종.

청도견
청각장애인을 돕는 개. 견종에 상관없이 애완견도 청도견이 될 수 있다.

간호견
신체장애인을 돕는 개.

세라피견
의료나 복지현장에서 인간의 마음을 치유하는 애니멀 세라피(동물치료요법)에 종사하는 개.

토착견
옛날부터 그 지방에 서식하던 개.

스탠더드
이상적인 견종의 형태를 규정한 견종표준. 체격의 크기나 모질색, 두상의 형태 등 기준치 외에 결점에 관한 규정도 있다. 단체에 따라 조금씩 차이가 있다.

KKF
한국 애견연맹의 약칭. 1945년에 국내 최초의 애견 단체로 발족. 1956년 농림수산식품부의 인가를 받은 전 견종 애견 단체로, 애견의 순수 혈통 보전 및 등록, 도그쇼나 애견 문화 캠페인 등을 하고 있다.

JKC
사단법인 재팬켄넬클럽의 약칭. 1949년에 전 견종단체 '전일본경비견협회'로 설립되었고, 1952년 현재의 명칭이 되었다. 일본 최대 애견가 단체로 혈통서의 발행, 도그쇼나 각종 경기대회 개최, 애견 문화 캠페인 등을 하고 있다.

KC
영국 켄넬클럽.

AKC
미국 켄넬클럽.

FCI
벨기에에 본부를 둔 국제애견협회 '국제애견연맹'의 약칭. 견종 표준이나 쇼의 심사기준 등을 규정하고, 개와 관련된 계몽 활동과 다양한 도그쇼 등을 개최하고 있다. JKC, KKF 등을 비롯해 전 세계적으로 많은 애견 단체와 켄넬 클럽이 가맹되어 있다.

공인견종
견종 단체에 공인되어 있는 견종. 각국의 켄넬클럽이나 견종 단체에 따라서 독자적으로 공인된 견종도 있지만, 《인기 강아지 도감 174》에서는 FCI(국제애견연맹)에 공인되어 있는 개를 '공인견종'으로 하고, FCI의 견종번호를 표기했다.

견종 그룹

개는 형태나 이용목적 등을 기준으로 몇 가지 그룹으로 분류되어 있는데, 구분 방법은 각국의 애견 단체에 따라 차이가 있다. 미국이나 영국, 캐나다, 오스트레일리아 등은 공인견종을 7그룹으로 분류하고 있지만, FCI(국제애견연맹)나 JKC, KKF는 10그룹으로 구분하고 있다.

※이 책에서는 FCI의 기준에 따라 10그룹으로 분류했다.

그룹 1
제1그룹
쉽독이나 캐틀 도그 같은 목축·목양견종 그룹. 가축을 유도하거나 시장으로 이끄는 일을 돕는 견종이 속해 있다. 단 스위스 캐틀 도그는 제2그룹으로 분류된다.

그룹 2
제2그룹
쥐를 잡거나 가축을 지키던 핀셔나 슈나우저, 고대 로마의 군용견 혈통을 이어받은 모로시안 타입 견종과 스위스 캐틀 도그 그룹. 마스티프나 불독, 토사견 등이 포함된다.

그룹 3
제3그룹
테리어라 불리는 수렵견 그룹. 대부분 요크셔테리어처럼 작고 사랑스러운 모습이지만, 땅굴에서 사냥감을 쫓아내거나 끄집어냈던 만큼 활발하고 승부욕이 강하다.

그룹 4
제4그룹
닥스훈트 그룹. 스탠더드 닥스훈트, 소형 미니어처 닥스훈트, 가장 작은 커닝햄 닥스훈트가 있고, 각각 모질에 따라 스무스, 롱, 와이어로 나뉘어 총 9가지 타입이 있다.

Groups Comment

그룹 5 제5그룹
뾰족한 주둥이와 선 귀를 가진 스피츠 타입과 프리미티브 타입(원시 타입 견종) 그룹. 일본 전통의 시바견이나 한국의 진도개, 포메라니안, 시베리안 허스키 등이 이 그룹으로 분류되어 있다.

그룹 6 제6그룹
뛰어난 후각을 발휘하여 먹이를 추적하는 센트 하운드라고 불리는 수렵견과 관련 견종 그룹. 비글이나 달마시안, 바셋 하운드, 쁘띠 바세 그리핀 벤딘 등이 속해 있다.

그룹 7 제7그룹
포인터나 세터 타입 등의 포인팅 도그라고 불리는 견종 그룹. 잉글리시 포인터나 아이리시 세터 등이 대표 견종이며 새 사냥 시 사냥감을 발견하는 일을 한다.

그룹 8 제8그룹
포인팅 도그 외의 조렵견 그룹. 숨어 있는 새를 모는 플래싱 도그, 떨어진 사냥감을 회수하는 리트리버, 물속에 떨어진 사냥감을 회수하는 워터 도그가 있다.

그룹 9 제9그룹
가정견이나 애완견으로 만들어진 견종으로 보통 컴패니언 도그, 토이 도그라고 불리는 그룹. 치와와나 푸들, 시추, 빠삐용, 말티즈 등 귀여운 인기 견종이 많다.

그룹 10 제10그룹
멀리서 사냥감을 발견하고 전력질주하여 쫓는 사이트(시각) 하운드로 불리는 수렵견 그룹. 그레이하운드나 보르조이, 아프간하운드 등 다리가 길고 스마트한 체형이다.

개의 피모와 컬러

개가 인간의 파트너가 된 것은 1만 년 전부터다. 오랜 세월 동안 다양한 타입의 개가 생겨났고, 모질이나 털색 또한 다양해졌다. 피모 타입이 다르면 관리방법도 달라지기 때문에 여기서는 개의 모질과 컬러에 관한 주요 용어를 설명했다.

모질 타입

와이어
철사처럼 뻣뻣하고 거친 모질 타입. 와이어 헤어드라고도 한다.

롱
장모 타입.
롱헤어라고도 한다.

스무스
단모 타입.
쇼트헤어라고도 한다.

헤어리스
피모가 없는 타입. 차이니즈 크레스티드 도그나 멕시칸 헤어리스 도그가 유명.

오버코트
개의 몸 표면에 있는 털을 가리키는데 상모, 강모, 병모라고도 한다. 언더코트와 달리 뻣뻣.

언더코트
오버코트 아래의 조밀하게 난 부드러운 털로 하모라고도 한다. 몸을 보온하거나 방수하는 역할을 하며, 가을에 생기기 시작해서 초여름에는 빠진다. 언더코트가 없는 견종도 있다.

싱글코트
언더코트 없이 오버코트만 있는 피모.

더블코트
오버코트와 언더코트로 된 이중코트의 피모.

얼룩털
오버코트 위로 드문드문 돋아난 다른 빛깔의 피모.

장식털
주로 귀나 사지, 꼬리 등에 있는 긴 피모.

반점
바탕색과는 다른 색깔이나 짙은 무늬가 띄엄띄엄 흩어진 것. 마킹이라고도 한다.

스폿
작은 무늬. 콤비네이션을 이루는 두 가지 다른 색의 조합.

댑플
여러 가지 색으로 무늬를 이루는 피모 타입.

블레이즈
개의 두 눈 사이를 지나는 하얀 무늬.

마스크
입이나 이마 앞부분의 피모 색깔이 진한 부분으로, 복서나 마스티프 등의 견종에게서 보이는 특징. 피모색이 거뭇한 것은 블랙마스크라고 한다.

개의 여러 가지 컬러

골든
황금색.

그레이
회색. 진한 다크그레이에서 옅은 실버그레이 등 농담은 다양.

그리즐
그레이에 블루를 띠는 색.

러스티 레드
붉은 기를 띤 녹슨 색.

레드
붉은색. 붉은색을 띤 갈색.

레드 앤 화이트
적갈색과 흰색의 두 가지 색.

로운
바탕색에 흰색 털이 살짝 섞인 모색.

루비
진한 체스트넛.

리바
진한 적갈색.

마호가니
적갈색에 가까운 밤색.

개의 피모와 컬러

브라운
갈색 혹은 다갈색.

브린들
기본 바탕색에 다른 컬러가 섞인 것.

블랙
검은색.

블랙 앤 탄
검은색 바탕에 눈 위나 다리, 가슴 등에 규칙적인 턴(황갈색) 무늬가 들어 있다.

블루
청. 농담은 다양.

블루론
파란색 바탕에 흰색 털이 살짝 섞인 모색.

블루머를
블루나 검은색, 회색이 섞인 대리석 같은 무늬.

비버
브라운과 그레이가 섞인 모색.

비스킷
옅은 크림색.

샌디
모래색. 진한 샌디 옐로우 등도 있다.

세이블
옅은 기본색에 검은 털이 섞인 것.

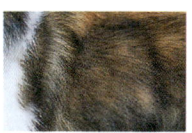

솔리드
단색.

슬레이트 블루
회색을 띤 블루.

실버
거의 그레이에 가까운 은색.

애플리코트
살구색. 붉은 기가 있는 노란색.

옐로우
옅은 갈색. 래브라도 리트리버가 대표.

오렌지
적황색이나 옅은 턴(황갈색)의 피모. 포메라니안이 유명.

울프 그레이
다갈회색이나 황회색의 털끝이 검게 되는 것.

이자벨라
옅은 밤색 털.

적
일본견 특유의 색. 황갈색에서 비적(緋赤)까지 폭넓다.

적호마
붉은 바탕에 검은색이 얼룩처럼 들어 있는 무늬.

적호 赤虎
붉은 털에 검은 줄무늬가 들어 있는 것.

체스트넛
밤색이나 적갈색.

쵸콜릿
진한 적갈색이나 고동색.

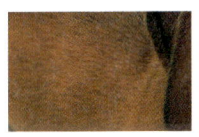

크림
유백색.

탄
황갈색.

트라이 컬러
흰색과 검은색, 턴(황갈색)의 삼색에서 비롯된 모색. 와이어 폭스 테리어가 유명.

파티 컬러
흰색 바탕에 뚜렷한 색깔의 무늬가 있는 것.

팔로
옅은 노란색.

페퍼
청색을 띤 흑호마에서 옅은 그레이.

폰
황금색을 띤 갈색. 농담은 다양.

퓨어 화이트 (백)
순백색.

헐크인
흰색 바탕에 검은색이나 청회색 무늬가 들어 있는 것.

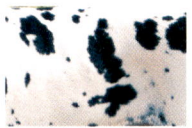

호
일본견 특유의 모색. 흰 바탕에 검은 줄무늬가 들어 있다.

호마
흰색과 검은색이 반반 들어간 무늬.

휘튼
보리색. 옅은 노란색을 띤 색.

흑호마
호마보다 전체적으로 검은색이 더 많은 것.

흑호 黑虎
검은 바탕에 붉은 털의 줄무늬가 들어간 피모. 호虎보다 검은 부분이 많아 몸 전체가 검게 보인다.

개의 몸과 귀

개의 몸

귀의 모양

직립 귀 (프릭 이어)

시바견이나 셰퍼드 등의 견종에게서 볼 수 있는 직립 귀의 형태. 선 귀라고도 한다. 귀를 잘라 늘어진 귀를 세우는 그레이트 데인이나 도베르만 같은 견종도 있지만, 현재 유럽에서는 단이가 금지되어 있다.

반직립 귀 (세미프릭 이어)

직립 귀 끝의 4분의 1 정도가 늘어져 있는 귀. 러프 콜리나 셰틀랜드 십독 등이 대표적. 로즈 귀나 V자형 귀도 반직립 귀에 포함된다.

버튼 귀

늘어진 귀의 일종으로 귓불 끝이 늘어지고 귓구멍을 막고 있는 형태의 귀. 에어데일 테리어가 전형적인 버튼 귀.

V자형 귀

삼각형 귀. 시베리안 허스키 같은 직립 타입과 불 마스티프 같은 늘어진 귀 등 두 가지 타입이 있다.

로즈 귀 (로즈 이어)

반직립 귀의 일종으로 귀를 재우거나 접으면 외이 안의 요철이 보이는 형태. 요철 부분이 장미 꽃잎처럼 보여 로즈 귀라고 불린다. 불독의 귀가 전형적인 형태.

박쥐 귀 (배트 이어)

직립 귀의 일종으로 귀의 폭이 넓고 끝이 둥글어 박쥐의 날개처럼 보인다. 프렌치 불독의 귀가 전형적인 형태.

이 책을 보는 방법

Explanatory notes

성견의 체고나 체중을 토대로 개의 크기를 세 가지로 나누고, 색깔별(대: 블루, 중: 오렌지, 소: 핑크)로 표시했다. 개를 선택할 때 참고한다.
- 대형견: 블루
- 중형견: 오렌지
- 소형견: 핑크

FCI의 견종번호.

개를 10그룹으로 나누어 표시했다. 분류방법은 FCI 국제애견연맹이다. 자세한 사항은 18p를 보면 된다.

해당 견종에 대한 사육 용이성을 그래프로 표시했다. 흰 면적이 넓을수록 키우기 쉬운 견종이다.

- **상황판단력이 좋다**
흰색 공간이 바깥쪽으로 표시된 견종일수록 똑똑하고, 훈련의 이해가 빠르다.

- **사회성·협조성이 있다**
흰색 공간이 바깥쪽에 표시된 견종일수록 잘 짖지 않고, 다른 개와도 사이좋게 지낼 가능성이 높다.

- **건강관리가 쉽다**
흰색 공간이 바깥쪽으로 표시된 견종일수록 건강관리가 쉽다.

- **초심자 적합**
흰색 공간이 바깥쪽으로 표시된 견종일수록 초보자도 키우기 쉽다.

- **우호적**
흰색 공간이 바깥쪽으로 표시된 견종일수록 무는 버릇이 없다.

- **훈련받기를 좋아한다**
흰색 공간이 바깥쪽으로 표시된 견종일수록 훈련을 좋아하고 적극적이다.

치와와
Chihuahua

가장 작지만 승부욕은 매우 강하다

내한성

일반적으로 개는 추위에 강하고 더위에는 약하지만, 간혹 추위에 약한 견종도 있다. 추위에 대한 강도를 대략적으로 표시했다.

 추위에 약한 견종이므로 겨울에는 특히 난방에 신경 써야 한다.

 추위에 특별히 약하지 않은 평균적인 견종이다.

 추위에 매우 강한 견종이다. 눈 속에서 자도 멀쩡하다.

운동량

 **보통으로** 10분 정도 걷는 가벼운 산책을 1일 2회 정도 필요로 한다.

 **속보로** 30분 정도 걷는 산책을 1일 2회 정도 필요로 한다.

 **자전거** 반주 정도의 산책을 약 60분씩, 1일 2회 정도 필요로 한다.

손질

해당 견종의 피모 손질에 필요한 용구를 표시했다. 손질 목적에 따라 구분해 사용한다.

슬리커 브러시

 장모 타입의 풍성한 털을 빗질할 때 사용한다. 털의 엉킴을 없애고 빠진 털을 제거하기도 한다.

핀 브러시

 주로 장모 타입의 털을 빗을 때 사용한다. 뭉친 털을 제거하거나 마사지에 효과적이다.

솔 브러시

 단모 타입의 털에 윤기를 내거나 피부 마사지에 효과가 있다.

일자빗

 개의 털을 빗어 결을 가다듬고, 털이 뭉치는 것을 방지하거나 빠진 털을 제거한다.

멕시코의 신성한 개가 선조

세계에서 가장 작은 개로 알려진 치와와는 작은 몸과 커다란 눈, 사랑스러운 행동으로 반려인에게 많은 사랑을 받는다.

치와와의 선조는 9세기경 멕시코 주변에 살던 부족이 신성한 동물로 추앙하던 테치치라는 개로 추정된다. 19세기 중엽 이후 미국에서 소형으로 개량되면서 단숨에 인기를 모았다.

치와와는 롱과 스무스 타입의 모질이 있다. 롱의 성견은 귀에 장식털이 있는 등 상당히 아름다운 모습으로 자라며 스무스는 몸에 딱 붙는 윤기 있는 털이 조밀하게 나 있다.

몸이 작으니 성격도 약할 것으로 생각하기 쉬운데 전혀 그렇지 않다. 실제로는 승부욕이 강하고 툭하면 싸우려는 기질이 있다. 평소에는 어리광쟁이에 천진난만하지만 겁쟁이 같은 모습도 공존한다. 상당히 섬세하므로 귀엽다고 어리광쟁이로 키우다가는 자기중심적인 성격이 된다. 기분이 상하면 공격적으로 변하기도 하는 등 제멋대로의 성격이다.

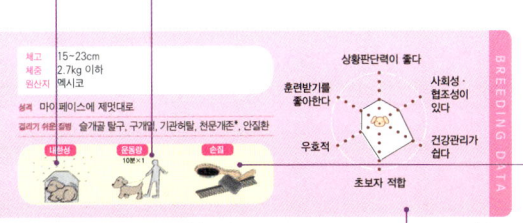

닥스훈트
견종번호 148 | 소형견 | 그룹 4
Dachshund

동장단족의 몸으로도 부동의 인기를 자랑하는 닥스훈트

모질에 따라 성격도 세 가지 타입

닥스훈트는 모질에 따라 스무스, 롱, 와이어 세 가지 타입이 있는데, 성격도 제각각이다. 스무스는 사람을 잘 따르고 명랑 활발하다. 롱은 얌전하고 응석부리기를 좋아하며, 와이어는 개구쟁이에 호기심이 왕성하고 장난치기를 좋아한다. 어느 타입이든 각각 장점과 매력이 많고 한국의 주택환경에 맞는 사이즈라는 점 또한 인기 요인이다.

닥스훈트의 역사는 수렵견에서 시작된다. 땅굴 속의 오소리를 사냥하기 위해서 땅굴을 파고 들어갈 수 있도록 다리가 짧은 스탠더드 닥스훈트가 탄생했고, 시간이 지나면서 사냥감의 크기에 맞춰 점차 소형화되었다. 그중 하나가 미니어처 닥스훈트인데 주로 토끼나 담비사냥 때 활약했고, 더 작은 담비나 쥐를 잡기 위해서 미니어처 닥스훈트보다 작은 커닝햄 닥스훈트도 생겨났다.

스탠더드 닥스훈트

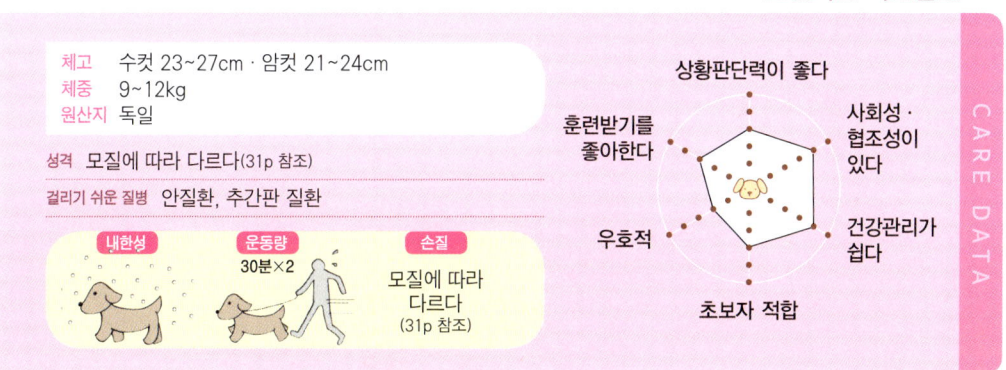

동장단족은 귀엽고 재미있어 보이지만, 체형이 다리관절 형성부전이나 추간판헤르니아 같은 특이질환의 원인이 되기도 한다. 특히 추간판헤르니아가 심할 경우 하반신이 마비될 수도 있다.

살이 찌기 쉬운 체질인 미니어처 닥스훈트에게 무턱대고 밥을 주거나 간식을 과다 급여하면 쉽게 비만이 되고, 동체가 긴 특성상 무거운 체중을 지탱하다 보니 추간판헤르니아가 발병하게 되는 것이다. 이 질환은 반려인의 사육방법에도 원인이 있는 만큼 식사관리에 힘써야 한다.

건강하게 키우려면 규칙적인 식사와 적절한 운동이 필수이다. 하지만 너무 심하게 운동시키면 등에 이상이 생기고, 반대로 비만을 염려해 소식을 시켜 야위어도 추간판헤르니아가 발병할 수 있다. 너무 예민하게 받아들이지 말고 기본 사육지침만 잘 따른다면 큰 문제는 없을 것이다. 무엇보다 조심해야 할 점은 반려인의 일관성 없는 사육방법이다.

미니어처 닥스훈트

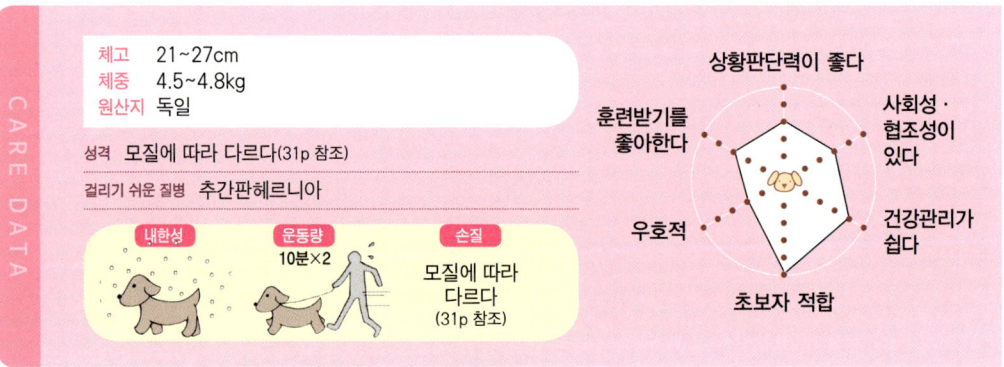

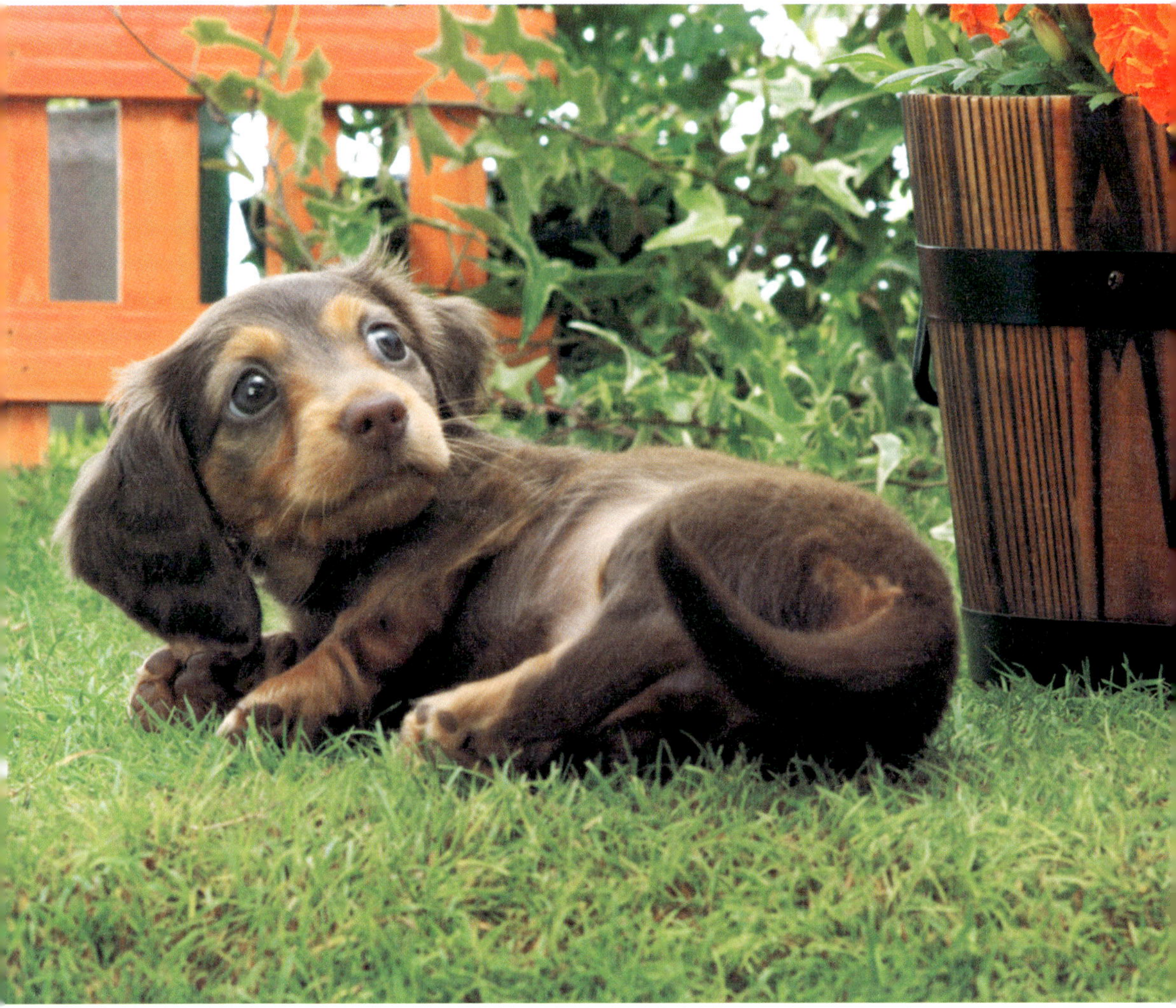

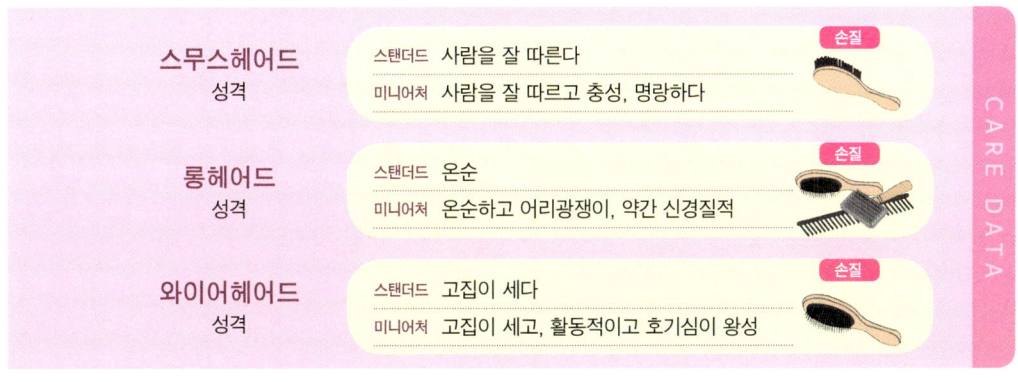

CARE DATA

스무스헤어드 성격	스탠더드	사람을 잘 따른다	손질
	미니어처	사람을 잘 따르고 충성, 명랑하다	
롱헤어드 성격	스탠더드	온순	손질
	미니어처	온순하고 어리광쟁이, 약간 신경질적	
와이어헤어드 성격	스탠더드	고집이 세다	손질
	미니어처	고집이 세고, 활동적이고 호기심이 왕성	

Dachshund

치와와
Chihuahua

견종번호 218 | 소형견 | 그룹 9

가장 작지만 승부욕은 매우 강하다

멕시코의 신성한 개가 선조

세계에서 가장 작은 개로 알려진 치와와는 작은 몸과 커다란 눈, 사랑스러운 행동으로 반려인에게 많은 사랑을 받는다.

치와와의 선조는 9세기경 멕시코 주변에 살던 부족이 신성한 동물로 추앙하던 테치치라는 개로 추정된다. 19세기 중엽 이후 미국에서 소형으로 개량되면서 단숨에 인기를 모았다.

치와와는 롱과 스무스 타입의 모질이 있다. 롱의 성견은 귀에 장식털이 있는 등 상당히 아름다운 모습으로 자라며 스무스는 몸에 딱 붙는 윤기 있는 털이 조밀하게 나 있다.

몸이 작으니 성격도 약할 것으로 생각하기 쉬운데 전혀 그렇지 않다. 실제로는 승부욕이 강하고 툭하면 싸우려는 기질이 있다. 평소에는 어리광쟁이에 천진난만하지만 겁쟁이 같은 모습도 공존한다. 상당히 섬세하므로 귀엽다고 어리광쟁이로 키우다가는 자기중심적인 성격이 된다. 기분이 상하면 공격적으로 변하기도 하는 등 제멋대로의 성격이다.

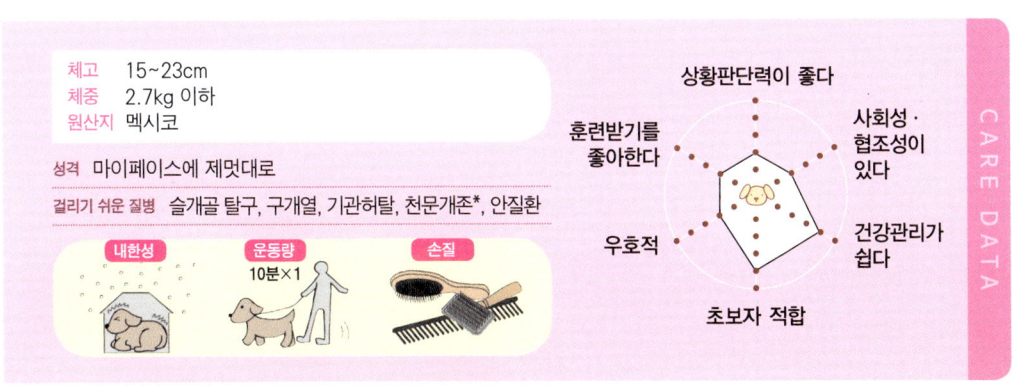

* 역자주) 천문개존-두개골의 윗부분이 열려 있는 증상.

이런 성격 때문에 훈련에는 부적합하다. 앉아, 엎드려 등의 간단한 훈련은 가능하지만 고도의 훈련을 시키면 오히려 화를 내는 경향이 있다. 따라서 자존심이 강한 치와와에게는 훈련에 실패했다고 벌을 주거나 야단 치는 것보다 시간이 걸리더라도 끈기 있게 반복하는 것이 중요하다.

활발한 치와와에게는 실내에서의 놀이 정도면 상당한 운동량이 된다. 하지만 놀다가 다치는 일이 많으니 안전한 실내 환경 조성에 신경 쓰는 것이 좋다. 산책은 기분전환이나 일광욕을 겸해 10분 정도면 충분하다.

푸들
Poodle

견종번호 172
중형견 소형견 | 그룹 9

컬된 털이 귀여운 베어 컷이 인기

언제나 인기상종가

현재 인기상종가인 토이 푸들은 조렵견인 스탠더드 푸들을 소형으로 개량한 것으로, 매우 얌전하고 사람을 잘 따르며 어리광부리기를 좋아하는 성격이다. 움직이는 봉제인형처럼 사랑스러운 푸들은 테디 베어 컷으로 트리밍을 많이 한다.

푸들은 고대 로마의 기념비 중에도 비슷하게 생긴 조각이 있을 만큼 역사가 매우 길다. 토이 푸들은 18세기의 루이 16세 시대에 탄생했다. 소형화하는 과정에서 스탠더드 푸들과 토이 푸들 사이에 미니어처 푸들 사이즈도 생겨났다.

푸들의 이름은 독일어로 '물속에서 첨벙첨벙 소리를 낸다'는 뜻인 '푸데룽'에서 유래한 것으로 알려져 있다.

스탠더드 푸들

　원래 조렵견이었던 만큼 똑똑하고 기억력이 좋아서 훈련시키기 쉬운 견종이다. 운동을 매우 좋아하므로 매일 산책을 거르지 않도록 한다. 실내에서 놀다가 넘어져 무릎 등의 관절을 다치기도 하니 조심해야 한다. 최근에는 소형 티컵 푸들도 등장했는데, 무리하게 소형화시킨 탓에 관절에 문제가 있는 개체가 많다. 귀여운 외모만 살피지 말고 건강면도 충분히 체크하도록 한다.

　컬되어 있는 싱글코트를 가진 푸들은 털빠짐이 적어 실내를 더럽히는 일이 거의 없다. 예쁘게 트리밍하면 실내환경과 개 모두 청결함을 유지할 수 있지만 생각보다 털이 자라는 속도가 빠르므로 자주 트리밍해야 한다.

　테디 베어 컷이 인기가 많지만, 원래 푸들은 클립 컷이 주류였다. 스탠더드 푸들은 지금도 대개 클립 컷인데, 조렵견인 푸들이 차가운 물에 들어가 사냥감을 회수할 때 심장과 관절을 지킬 수 있도록 고안된 스타일이다. 깎아낸 부분 덕분에 물의 저항을 줄일 수 있었던 만큼 단순한 멋내기용이 아닌 상당히 실용적인 컷이었다.

클립 컷에 가까운 컷

토이 푸들

체고 28cm 이하
체중 3kg
원산지 프랑스

성격 매우 영리하고 반려가족에게 복종하며 놀기 좋아한다
걸리기 쉬운 질병 피부질환, 유루증, 정유고환

내한성
운동량 20분×2
손질

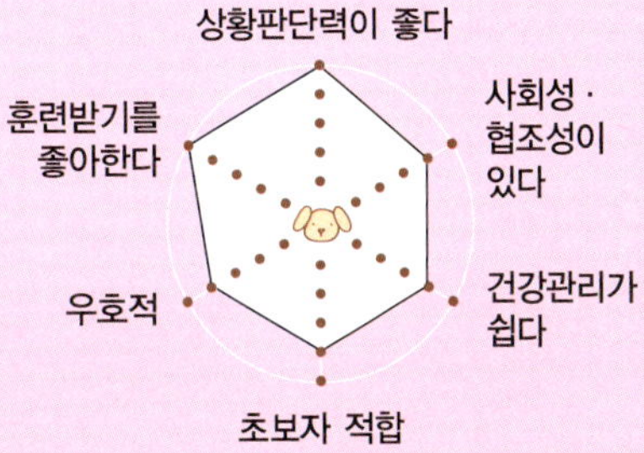

상황판단력이 좋다
사회성·협조성이 있다
훈련받기를 좋아한다
건강관리가 쉽다
우호적
초보자 적합

CARE DATA

푸들 41

요크셔테리어
Yorkshire Terrier

움직이는 보석이라고 불리던 쥐사냥의 달인

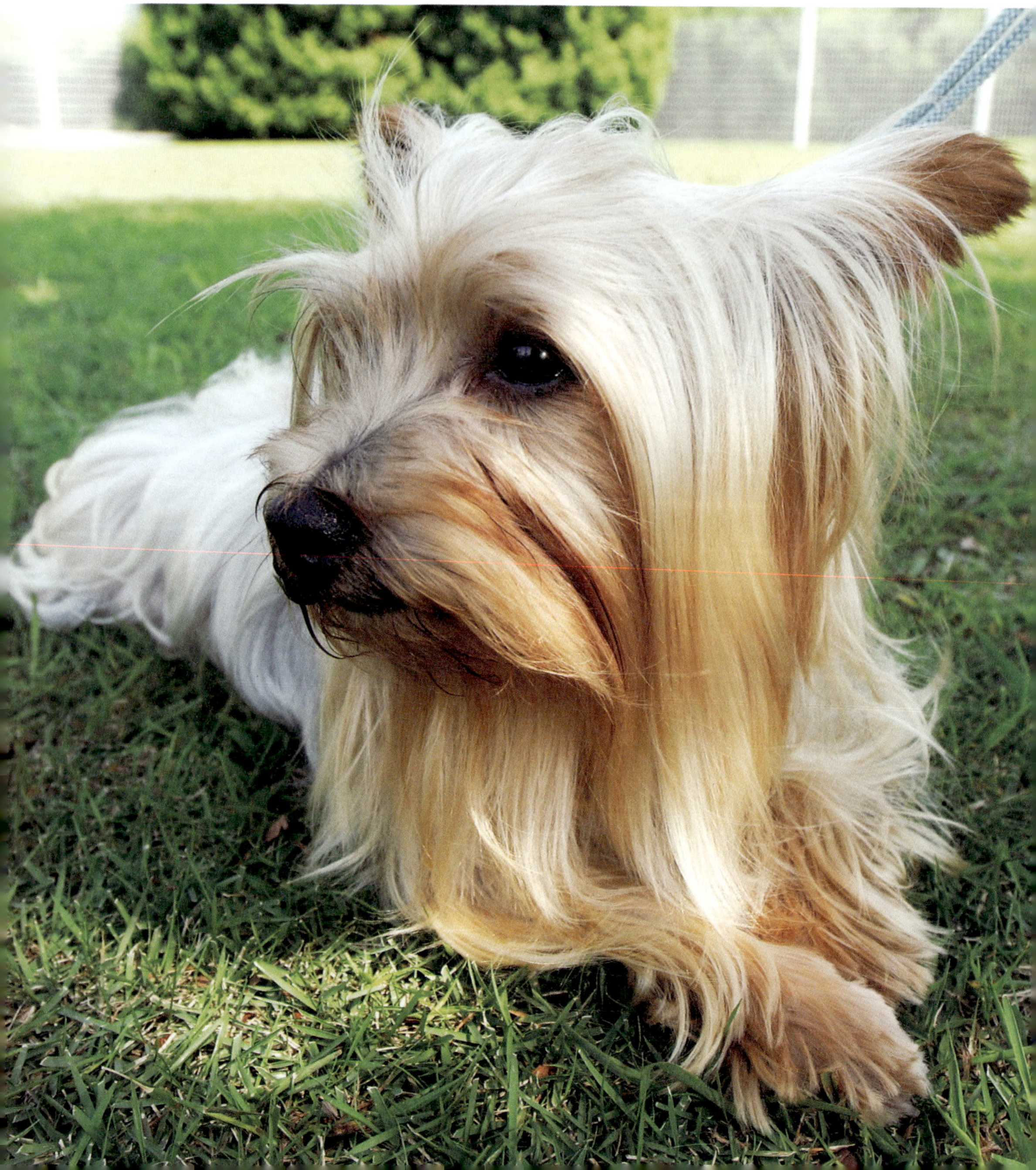

작지만 승부욕이 강한 요키

마치 실크처럼 매끄러운 광택의 코트를 가진 요크셔테리어는 '요키'라는 애칭으로 친숙하며, 항상 인기순위의 상위를 유지해왔다. 기네스북에는 가장 작은 개로 공인된 개체의 기록도 있다.

조상은 쥐를 잡기 위해 만들어낸 견종이며, 실제로도 쥐사냥의 달인이다. 스코틀랜드에서 잉글랜드로 이주해온 이 개를 19세기 중엽 요크셔 지방의 공업지대에서 일하던 사람들이 쥐사냥 용도로 키웠는데 당시는 지금보다 훨씬 더 몸이 컸다. 그 후 유럽 상류계급

에서 '움직이는 보석'이라는 별명이 붙으면서 인기가 높아졌고 어느새 기품 있는 견종으로 통하게 되었다.

품격은 높아졌지만 성격이 크게 변하지 않은 요키는 쥐사냥의 피가 끓는지 경계심과 승부욕이 강하고 시끄럽게 잘 짖는다. 주인과 함께 있을 때는 쾌활하고 종종걸음으로 잘 돌아다니지만, 응석받이에 외로움도 잘 타서 장시간 혼자 두거나 펫호텔에 맡기면 갑자기 건강이 나빠지기도 한다. 또 낯선 사람을 심하게 경계하는 모습도 보인다.

잘못 키워 어리광을 부리게 하거나 제멋대로인 성격을 방치하면 반려인에게도 짖어대는 신경질적인 개가 된다. 강아지 때부터 엄격한 훈육이 중요하며 반려인은 주도권을 잃어서는 안 된다.

요키의 아름다운 코트 손질은 간단하지 않다. 내버려두면 털이 지저분하게 쑥쑥 자라므로 아름다움을 유지하려면 자주 트리밍해야 한다. 특히 얼굴 주변의 털이 눈에 들어가거나 식사 때 음식물이 묻으면 피부병의 원인이 된다. 자라난 털은 잘 정리해서 끈으로 묶어주는 것도 좋다. 이 래핑 방법은 반려인도 집에서 쉽게 할 수 있다.

태어난 직후 입과 다리 외의 피모는 새까만데, 생후 2세까지는 피모의 색깔을 확실하게 알 수 없다.

빠삐용
Papillon

견종번호 77 · 소형견 · 그룹 9

눈에 확 띄는 커다란 귀는 나비의 날개

지나치게 귀여워하는 것은 금물

빠삐용은 프랑스어로 '나비'를 뜻한다. 그 아름다운 이름대로 쫑긋 선 커다란 귀는 우아하게 날개를 펼친 나비의 모습과 비슷하다. 그 모습과 동그란 눈, 얌전한 성격을 보면 현재 높은 인기를 누리는 이유를 이해할 수 있다. 체취가 적고, 털이 긴 데 비해 털빠짐이 적은 것도 실내견으로서는 최적이다.

스페인 출신 스패니얼 종의 후손인 빠삐용은 역사마저도 우아하다. 18세기 비운의 프랑스 왕비 마리 앙투아네트에게 사랑받으면서 일약 궁정 귀부인들의 사랑을 한 몸에 받게 되고 초상화에 함께 그려 넣는 것이 유행이 되었다. 당시 화려한 드레스를 입은 귀부인들 곁에 있던 빠삐용은 실로 그림 같았을 것이다.

　상황 판단력이 빠르고 영리한 성격이므로 반려인에게 충분한 사랑을 받으며 교감을 나눈다면 멋진 가족의 일원이 될 것이다. 하지만 만약 커뮤니케이션이 부족하거나 응석받이로 키운다면, 고집불통에 가족 중 자기가 제일이라는 착각에 빠지기도 한다. 예민한 면도 있어, 야단을 치거나 업신여기면 상당히 신경질적이 되어 정신적으로 아플 가능성도 있다. 어느 견종이나 그렇겠지만 그런 나쁜 면이 나와버리면 공격적이고 잘 짖어대는 히스테릭한 개가 된다.

　사육방법만 올바르다면 이해력도 빠르고 명랑하며 건강하므로 반려인과 행복하게 살아가는 멋진 반려견이 될 것이다.

　운동은 실내에서 놀이를 즐기는 정도면 충분하지만, 활발한 면도 있으므로 산책은 매일 30분 정도가 이상적이다.

　최근 무분별한 번식의 여파로 본래 사이즈보다 대형으로 크는 케이스가 늘고 있다. 신뢰할 수 있는 샵이나 브리더를 통해 입양하고, 부모견의 혈통이나 출산 당시의 연령 등을 확인하는 것이 안전하다.

웰시 코기 팸브룩

Welsh Corgi Pembroke

이제는 인기가 정착된 코기

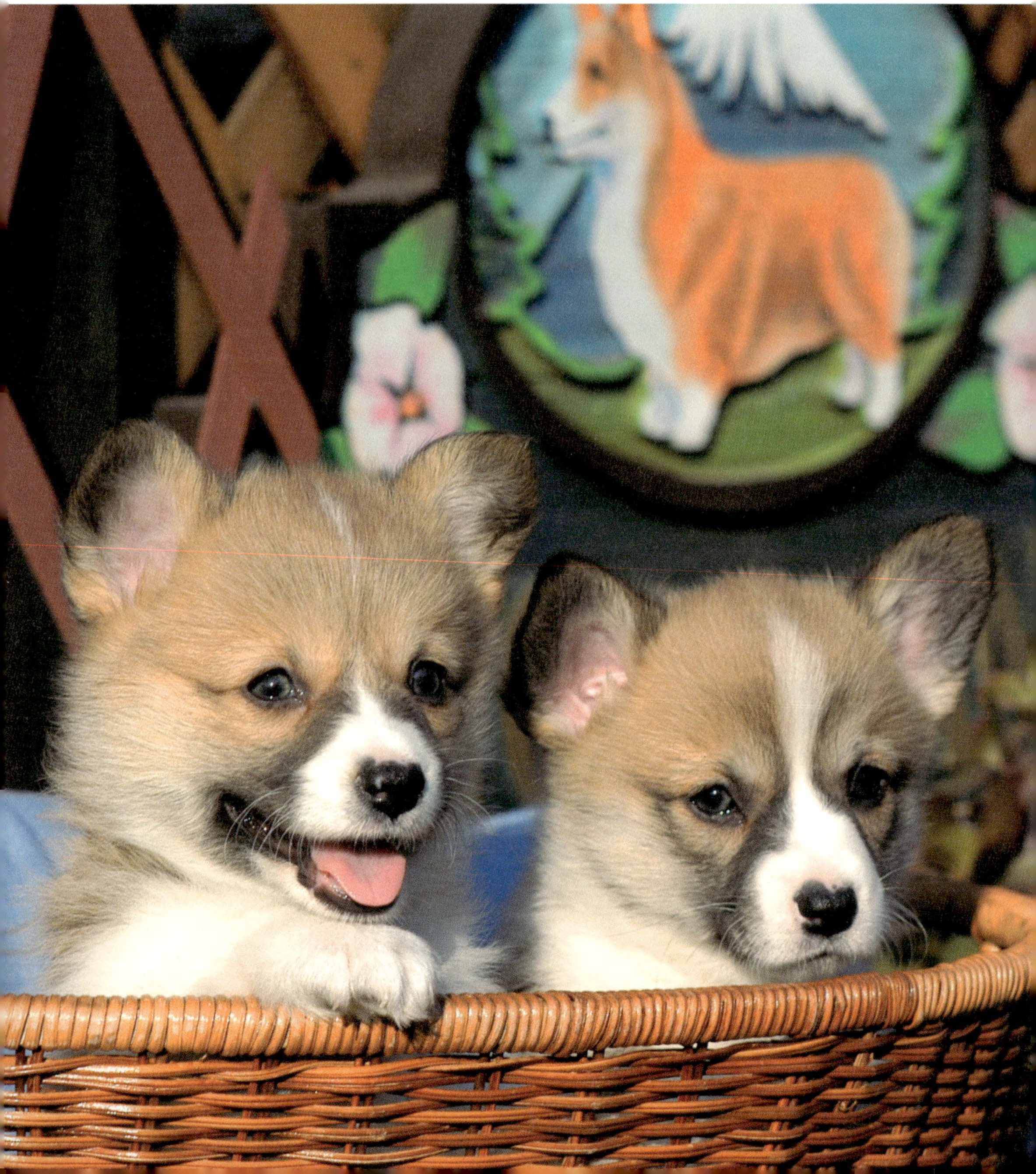

건강하고 우호적인 목축견

웰시 코기 팸브룩은 농장에서 소의 발밑을 뛰어다니며 소떼를 컨트롤하던 목축견이었다. '코기'라는 애칭으로 친숙한 이 견종의 인기는 수그러들 줄 모른다. 발밑을 원활하게 뛰어다니기 위해서 고안된 짧은 다리와 귀여움 있는 긴 동체가 코기의 인기 요인 중 하나이다.

약 900년 전까지 거슬러 올라갈 만큼 역사가 긴 코기는 헨리 2세(1133~1189년)뿐만 아니라 현재까지도 영국 왕실에서 꾸준히 사랑받고 있다.

상황판단 능력이 뛰어나고 영리해서 훈련의 이해가 빠르기 때문에 초보자도 비교적 훈련시키기 쉬운 견종이다. 천진난만하고 호기심이 왕성한 성격임에도 장난이 심하지 않고 아이들과도 즐겁게 놀 줄 안다.

사육 난점을 하나 꼽으라면 비만이 되기 쉽다는 것인데, 심한 경우 배를 땅에 끌며 걷기도 한다. 원래 목축견이었던 만큼 넘치는 에너지를 발산해야 하는데, 일반 가정에서는 코기에게 필요한 만큼의 에너지를 소비시키기 어렵기 때문에 식사관리를 잘 하더라도 살이 찌는 경향이 있다. 비만체가 되면 동장단족 견종 특유의 질환인 추간판헤르니아에 걸리기 쉽고, 심한 경우 하반신이 마비되기도 한다. 이렇게 큰 문제로 직결되는 비만을 피하기 위해서는 식사의 양보다 질을 바꾸는 수밖에 없다. 식사는 비만방지용 푸드를 선택하고 매일 아침저녁 산책할 때에는 구보를 포함하여 운동시킨다. 단 등에 부담을 주는 급격한 운동이나 높은 장소에서 뛰어내리는 행동은 가급적 자제시키도록 한다.

체고가 낮아 땅의 열을 그대로 흡수하는 코기에게 한여름의 더위는 지옥과도 같으니 여름의 산책은 지면의 열이 내려간 이른 아침이나 저녁이 좋다.

견종번호 208
소형견 | 그룹 9

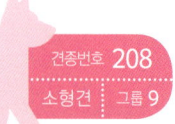

시추
Shih Tzu

사람의 말을 알아듣는, 감정이 풍부한 장모견

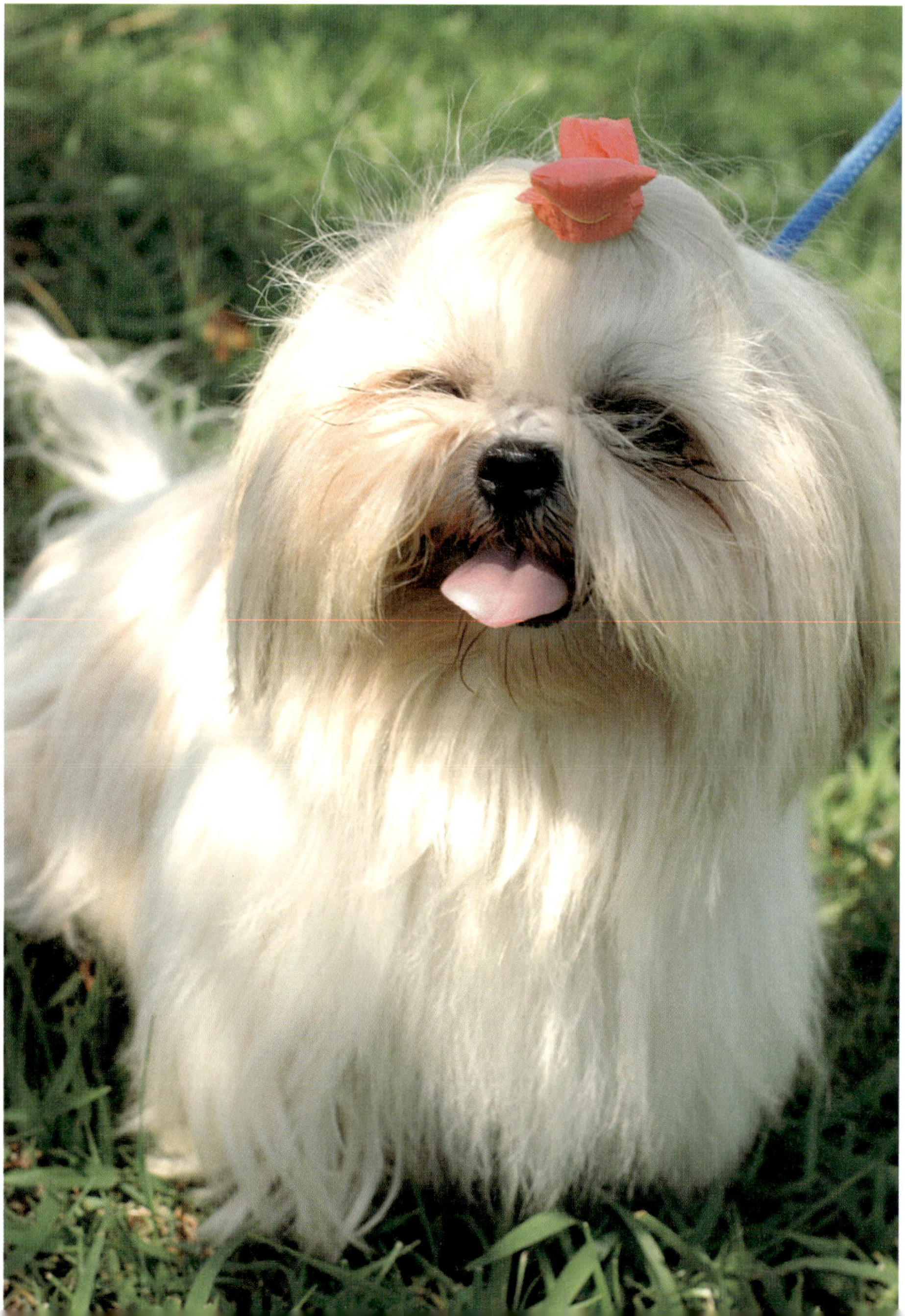

귀염성 넘치는 익살꾸러기

둥근 얼굴에 덥수룩한 털, 그 속에 반짝거리는 동그란 눈은 너무나도 귀엽고 뭔가를 호소하는 듯한 표정이다. 이렇게 사랑스러운 시추는 원래 유서 깊은 견종이다. 중국 왕실에서 수백 년에 걸쳐 사육된 페키니즈와 라사압소를 교배시켜 탄생한 후 소중하게 키워졌다. 하지만 두문불출이었기 때문에 오랫동안 세상에 알려지지는 않았다.

1930년대가 돼서야 영국으로 건너갔고, 1958년 미국에서 인기가 높아지면서 널리 알려졌다.

지능은 높지 않지만 주인이 말을 하면 고개를 갸웃거리며 이해하려는 듯한 행동을 보이고 성격도 씩씩하다. 제대로 키운다면 노인들에게 좋은 말상대가 되어줄 것이다.

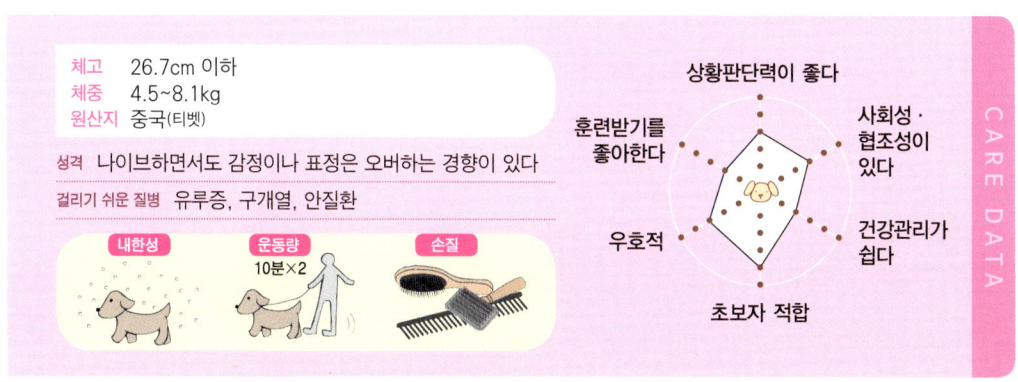

주인의 행동에 다양하게 반응하고 몸 전체로 감정을 표현하는 시추는 사실 고집스러운 면도 있고, 커뮤니케이션 부족으로 스트레스가 쌓이면 신경질적인 성격이 되기도 한다. 그 결과 낯선 사람에게 하염없이 짖어대거나 다소 공격적인 모습을 보이기도 한다.

시추의 특징인 긴 털은 사소한 트러블을 일으키기도 한다. 특히 얼굴 주변의 긴 털이 눈에 들어가 각막을 손상시키거나 눈병을 일으키는 경우가 많기 때문에 손질이 쉽도록 털을 짧게 트리밍하는 것이 좋다.

시추를 키울 때는 주인이 간단한 트리밍 기술을 습득하는 것이 좋다. 하지만 반려견을 다치게 하지 않으려면 가위 사용에 주의가 필요하니 자신이 없다면 프로 트리머에게 정기적으로 맡기는 것이 낫다. 얼굴의 털을 길러 리본으로 묶어준 모습은 특히 더 사랑스럽다.

포메라니안
Pomeranian

견종번호 97 · 소형견 · 그룹 5

북방 스피츠가 조상인 귀여운 동반견

미모의 비결은 브러싱

조그만 체구에 귀여운 종종걸음으로 돌아다니며, 탐스러운 털을 나부끼는 모습이 오랫동안 높은 인기를 구가해온 비결일 것이다. 호기심이 왕성해서 흥미진진하게 참견하는 모습이 또 밉지 않다.

반면 신경질적인 면이 있어서 새끼 때 커뮤니케이션이 부족하거나 제멋대로 키우면, 요구를 충족시켜줄 때나 낯선 사람이 올 때 하염없이 짖기도 하고, 공포를 느끼면 공격적이 될 수 있다. 자기 뜻대로 되지 않으면 다루기 힘들고 다소 자기중심적인 견종이다.

북방 스피츠 계열인 사모예드가 뿌리가 된 목양·작업견이 직계 조상으로 추정된다. 당시에는 상당히 대형이었지만, 후일 독일의 포메라니아 지방에서 소형화되었고 개량지의 지명에서 견종명이 유래되었다.

추위를 견딜 수 있는 북방 스피츠의 더블코트를 물려받은 포메라니안의 털은 개량이 가미되어 부드럽고 상당히 가는 것이 특징이다. 개가 아파할 정도로 무리하게 빗질을 하면 섬세한 털이 찢어지기도 한다. 그렇게 되면 탐스러운 털이 무용지물이 될

뿐 아니라 빗질을 싫어하게 될 수도 있다. 이 아름다운 털을 유지하려면 매일 빗질을 거르지 않아야 하는데 일자빗이나 슬리커 브러시로 부드럽게 빗질하여 흐트러진 털이 없도록 정돈한다.

일일운동량은 많이 필요하지 않지만, 기분전환이나 스트레스 발산을 위해서 잠깐이라도 외출하는 것이 좋다.

하지만 너무 심한 운동은 작은 몸과 가느다란 다리에 오히려 부담을 준다. 반려인에게 안겨 외출하던 포메라니안이 뛰어내리다가 골절 등의 사고를 당하기도 하는데 포메라니안에게 발생하는 대개의 트러블이 골절인 만큼 신경 써야 할 부분이다.

견종번호 122
대형견 | 그룹 8

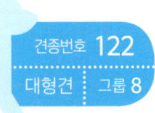

래브라도 리트리버

Labrador Retriever

애정이 넘치는 즐거운 파트너가 된다

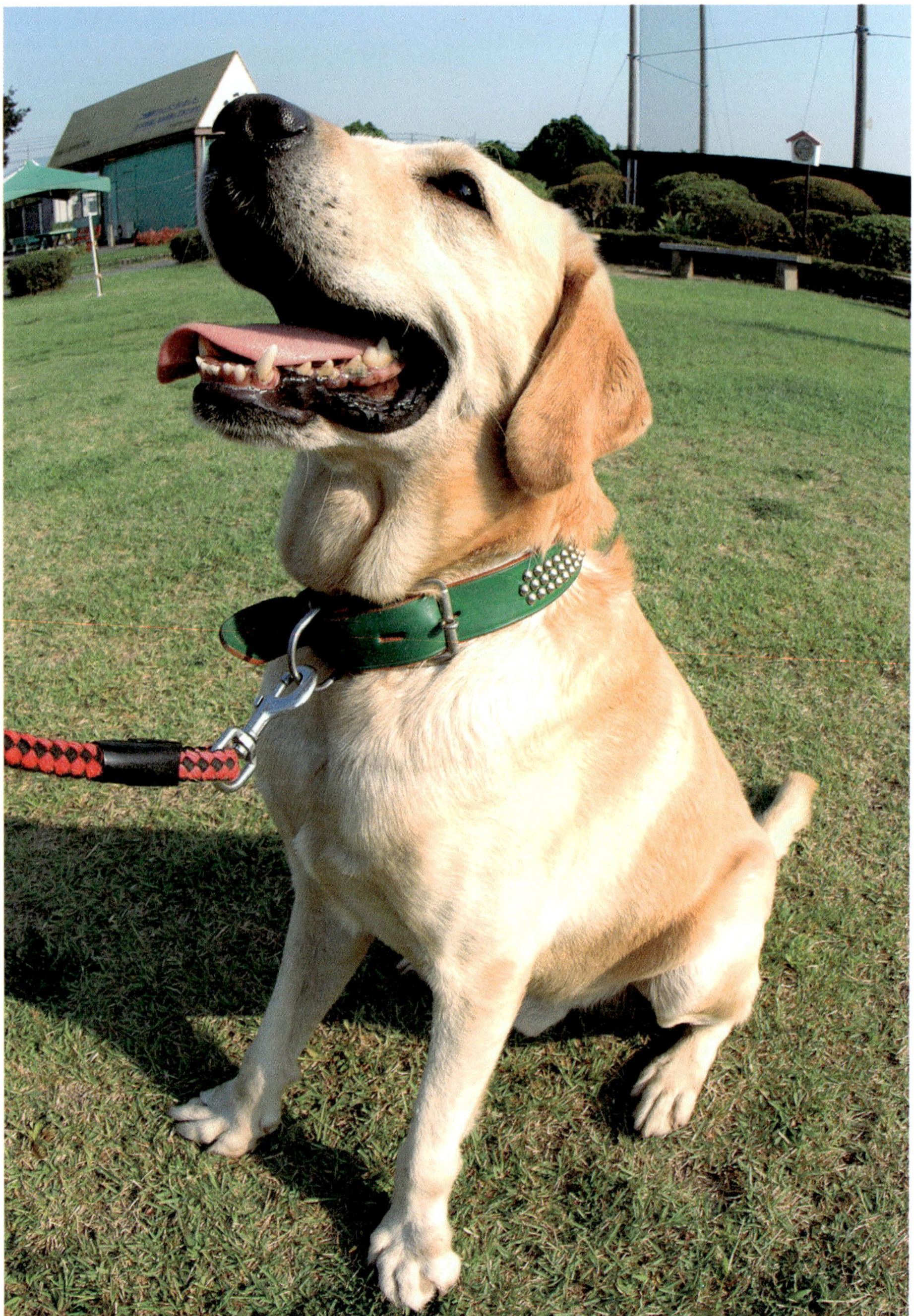

훌륭한 반려견이자 멋진 파트너

대형견의 대명사일 정도로 친숙한 래브라도 리트리버는 온화하고 공격적인 면이 없으며, 애정이 극진한 견종이다. 사람을 매우 좋아하고 어린아이도 잘 상대해주며, 항상 주인의 지시를 기다리는 느낌마저 풍긴다. 그런 성격을 살려 맹도견이나 청도견, 간호견, 경찰견 등 인간의 멋진 파트너로서 뛰어난 능력을 발휘하고 있다.

하지만 아무리 우수한 래브라도 리트리버라 해도 새끼 때부터 능력이 뛰어난 것은 아니어서 생후 2세까지는 실내가 엉망이 될 것을 각오해야 한다. 개 입장에서는 악의가 없지만 짖으며 꼬리만 흔들어도 책상 위의 물건이 떨어지고, 걷는 것뿐인데 장식품이나 가구가 넘어지기도 한다. 따라서 실내의 위험한 물건은 미리 치워두는 것이 바람직하고, 반려인은 그 정도에 동요하지 않는 배짱이 필요하다.

리트리버는 2세를 넘으면 말썽꾸러기 모습이 사라지고 거짓말처럼 침착해진다.

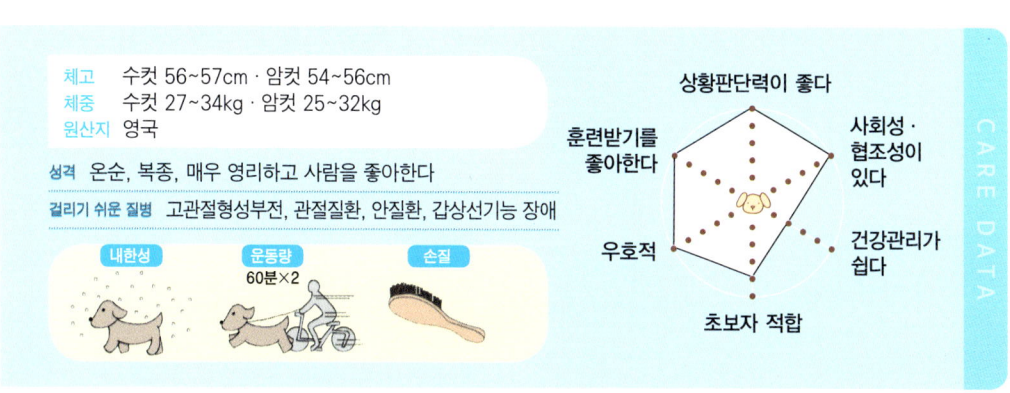

반려인과 놀 때 외에는 바닥에 엎드려 눈만 치켜뜬 채 결코 어떤 요구도 하지 않고 가족의 동향을 살피며 기다리는 모습을 보인다.

이때가 되면 가족의 명령에는 절대복종하지만 쓸쓸함을 느낄 정도로 조용해질 것이다. 보다 키우기 쉽고 안정적인 시기가 되는 것인데, 아쉬움을 느낀다면 항상 곁에서 보살펴주면 된다.

래브라도 리트리버는 16세기경 캐나다의 래브라도 반도에서 어부를 돕던 개가 조상으로 알려져 있지만 확실하지는 않다. 다만 1800년대 후반에는 이미 래브라도 리트리버의 이름이 널리 알려져 있었던 것이 확실하다.

미니어처 슈나우저
Miniature Schnauzer

견종번호 183
소형견 | 그룹 2

콧수염이 철학자 같은 천진난만한 개

애정과 커뮤니케이션이 중요

스탠더드 슈나우저를 소형화한 미니어처 슈나우저는 옛날에 농장에서 키우며 쥐 등을 구제하는 데 이용했다. 체형은 작지만 상당히 단단한 근육질이어서 크기에 비해 체중이 무거운 편이다.

트리밍에 따라 인상이 달라지는데, 슈나우저라는 이름이 독일어로 '콧수염'이라는 뜻인 만큼 기본 형태로 트리밍하면 마치 고집스러운 철학자처럼 보인다. 철학자인지 아닌지는 키워보면 알겠지만 고집스러운 면은 분명 있다. 낯선 사람이나 예의 없이 갑자기 접촉하는 사람에게는 절대로 마음을 허락하지 않는다.

첫 만남에서 실패하면 한동안 얼굴을 기억했다가 볼 때마다 짖기도 하지만, 가족에게는 믿을 수 없을 정도

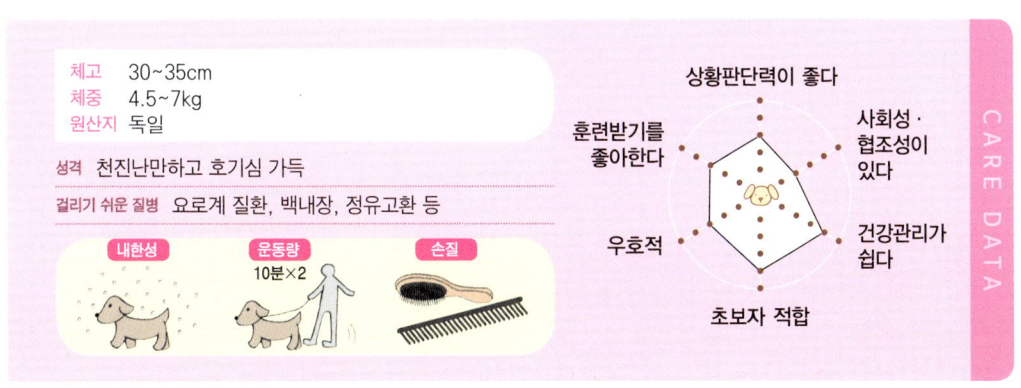

로 응석을 부리고 고분고분하다.

　매일 식사나 산책 시간을 주인이 내키는 대로 하는 것은 바람직하지 않으며 가능한 규칙적인 생활을 할 수 있도록 신경 써야 한다.

　새끼 때부터 충분히 애정을 쏟으며 커뮤니케이션을 한다면 틀림없이 멋진 반려견이 될 견종이다. 그러니 필요한 것은 애정과 커뮤니케이션이다.

시바견
Shiba

견종번호 257 · 소형견 · 그룹 5

조몬시대에 건너온 튼튼하고 충실한 일본견

해외에서도 인기인 일본 대표 견종

일본을 대표하는 개로, 특히 영국과 유럽 각국의 도그쇼에 상당수의 개체가 참가하고 있을 만큼 일본은 물론 해외에서도 매우 인기가 높다. 해외에서의 호칭도 역시 '시바견'이다. 고대 일본에서 키웠던 역사 깊은 견종으로, 아이치 현의 상흑암 유적에서 시바견과 비슷한 견종의 뼈가 발견되어 조몬시대에 일본으로 건너온 사람들과 함께 오지 않았을까 추정된다. 오랜 역사를 가진 이 귀한 견종은 1937년 일본의 천연기념물로 지정되었다.

고온다습하면서도 겨울에는 추위가 심한 일본의 사계절 기후에 알맞게 매우 튼

튼한 견종이지만, 최근에는 무분별한 번식으로 경계심이 강하고 신경질적이며 헛울음이 많고 공격적인 개체도 증가하고 있다.

민첩하고 활동적인 시바견에게는 일일운동량을 거르지 않아야 한다. 반려인과 함께 산책하고 행동하면서 최고의 만족감과 충실감을 느끼기 때문이다. 매일 다양한 산책 코스로 변화를 준다면 함께 놀라거나 감동하는 등 여러 가지 체험을 공유할 수 있을 것이다.

말티즈
Maltese

유럽 귀부인들의 부적이었던 귀염둥이

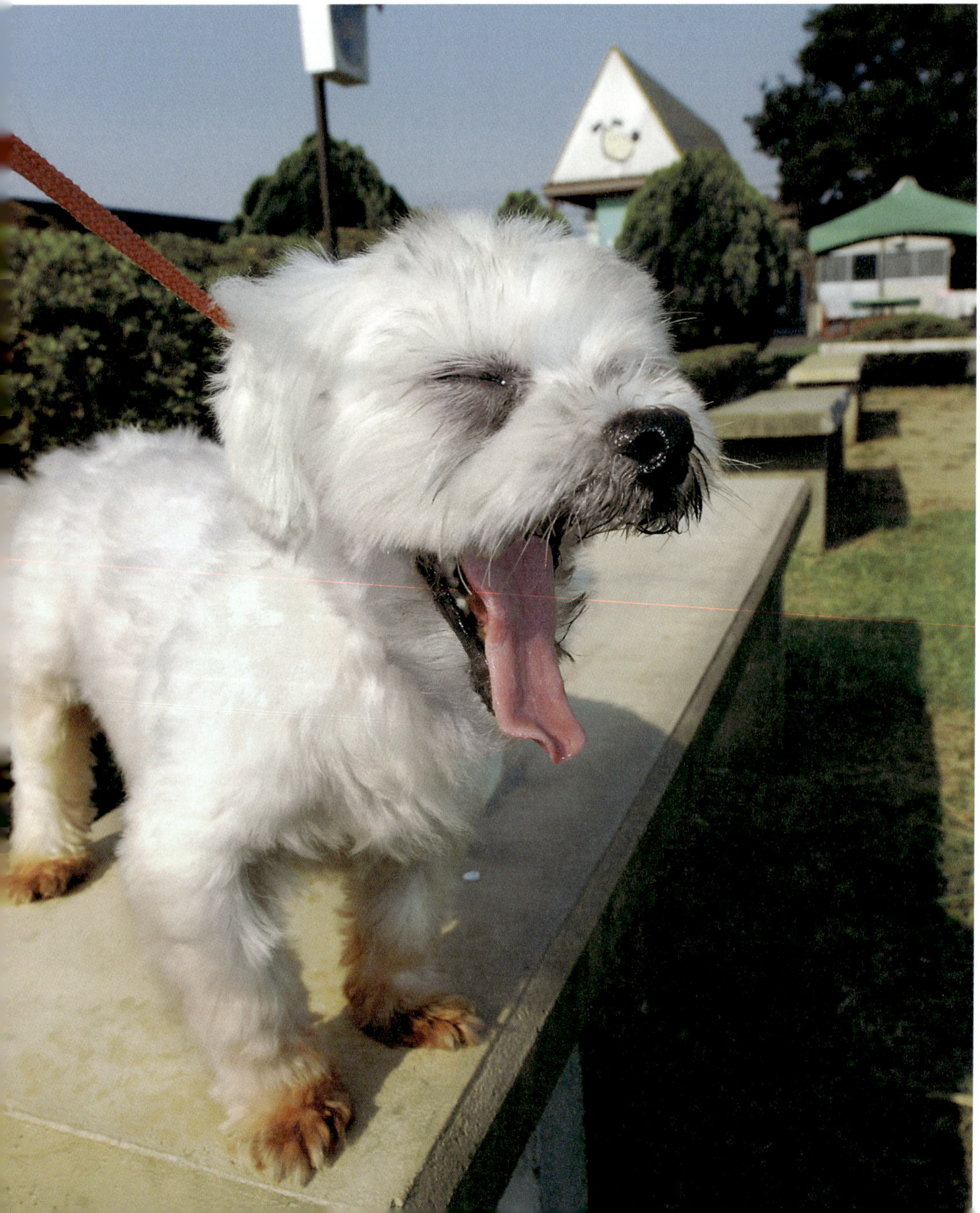

순백의 철부지

지중해 마르타 섬 출신인 말티즈는 세계적으로 인기가 높은 견종이다. 프랑스 왕정시대 때는 귀부인들이 보석을 장식하듯이 말티즈를 안고 있었다고 한다.

매우 다정다감한 성격으로 사람을 몹시 좋아하고 영리해서 화장실 훈련이 잘 되고 크게 손이 가지 않는다.

하지만 그 순백의 털은 유지가 힘든 편이다. 특히 눈 밑의 눈물자국 때문에 하얀 피모가 갈색으로 변하기도 하므로 평소 눈물을 잘 닦아주고 식사 후에는 지저분해진 입 주변도 잘 닦아주는 것이 좋다.

훈육방법이 좋지 않거나 커뮤니케이션이 부족해지면 헛울음이 많고 공격적인 면이 두드러진다. 어렸을 때부터 애정을 쏟으며 잘 키운다면 아름다운 외모만큼이나 귀여운 성격으로 자랄 것이다.

운동은 실내에서의 놀이만으로도 충분하지만, 화창한 날에는 일광욕을 겸해 간단하게 산책하는 것도 좋다. 제대로 키우면 스트레스가 심하게 쌓이는 성격이 아니므로 기분전환 정도의 산책이면 충분하다.

견종번호 136 | 소형견 | 그룹 9

카발리어 킹 찰스 스패니얼
Cavalier King Charles Spaniel

찰스 국왕에게 사랑받았던 조렵견

애교가 넘치는 장난꾸러기

귀와 다리의 매끄럽고 긴 털이 멋진 카발리어 킹 찰스 스패니얼은 외모에서 짐작할 수 있듯이 매우 명랑하고 활발하며 사교적이어서 키우기 쉬운 편이다. 처음 만나는 사람에게도 애교를 부리므로 금방 인기를 독차지할 정도이며 유순하므로 안심하고 아이들이나 노인들의 놀이상대를 맡길 수 있다.

이름의 '킹'은 영국 왕 찰스 1, 2세에게 사랑받은 데서 비롯되었다. 조상은 스페인과 프랑스가 원산지인 조렵견으로 알려져 있다.

조렵견 출신인 만큼 운동을 매우 좋아하므로 가능하면 넓은 정원에서 실컷 뛰어놀게 하는 것이 바람직하지만 주택사정상 불가능하다면 매일매일 산책을 거르지 않도록 한다.

단 일본에 있는 카발리어는 알레르기 체질이나 관절질환, 심장질환을 앓는 개체도 많으니 비슷한 기후를 가진 한국도 주의를 요한다. 특히 관절이나 심장 트러블이 있으면 심한 운동은 금물인데, 운동을 제한하면 쉽게 비만이 되는 것도 카발리어의 특징이다. 때문에 식사와 운동 관리에 신경 써야 하는 견종이다.

견종번호 161

소형견 | 그룹 6

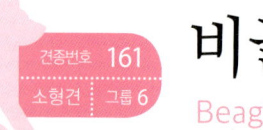

비글

Beagle

토끼사냥에 활약하던 전통적인 영국의 수렵견

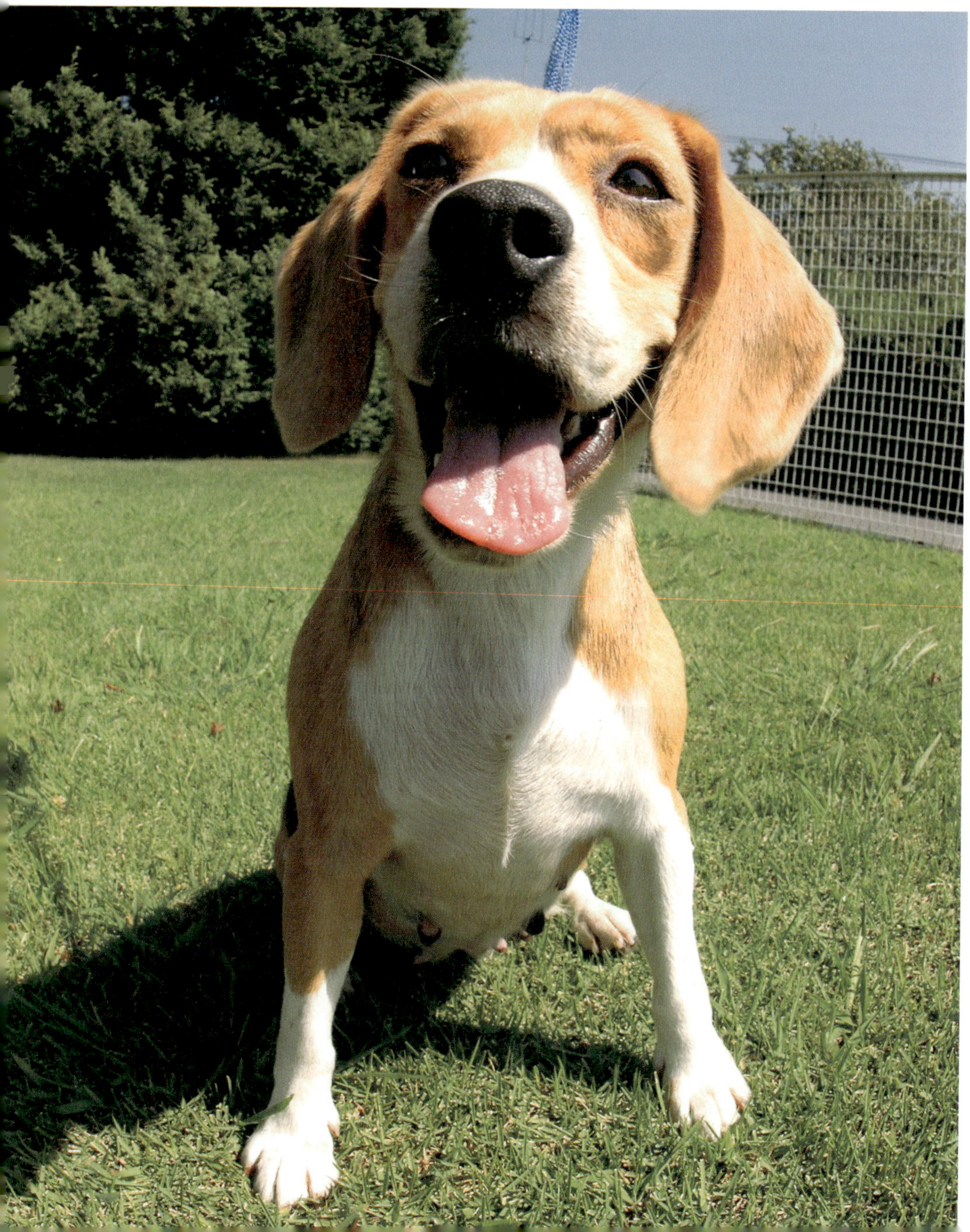

스누피의 모델

기원전 고대 그리스시대, 토끼사냥에서 활약하던 하운드가 조상인 것으로 알려져 있다. 그 혈통이 남아 있는지 사랑스러운 모습과는 달리 저음으로 울리는 큰 울음소리가 인상적이다. 그 외에는 매우 사교적이어서 다른 개와도 잘 지내고, 아이들과도 안심하고 놀게 할 수 있다. 실내에서는 크게 떠들지 않지만, 실외로 나가면 신나게 뛰어다니는 사랑스러운 모습이 반려인의 마음을 치유해줄 것이다.

가족은 물론 낯선 사람에게도 꼬리를 흔들며 다가갈 만큼 사람을 매우 좋아하고, 칭찬 받거나 야단 맞았을 때 반응의 차이가 확연하게 드러나는 견종이다. 자칫 그 표정에 넘어가 응석을 받아주며 지나치게 오냐오냐 하는 것은 좋지 않다. 또한 상을 과하게 주거나 간식을 과다급여하면 금방 살이 찌는 비만 성향이 강한 견종이다.

평소 식사 때도 상당히 식탐을 부리는 성격이므로, 만병의 근원인 비만에 걸리지 않도록 식사관리와 응석을 받아주지 않는 단호함이 필요하다.

외로움을 많이 타는 성격인 만큼 커뮤니케이션이 부족해지면 저음울음으로 이웃에게 피해를 줄 수 있으니 조심해야 한다.

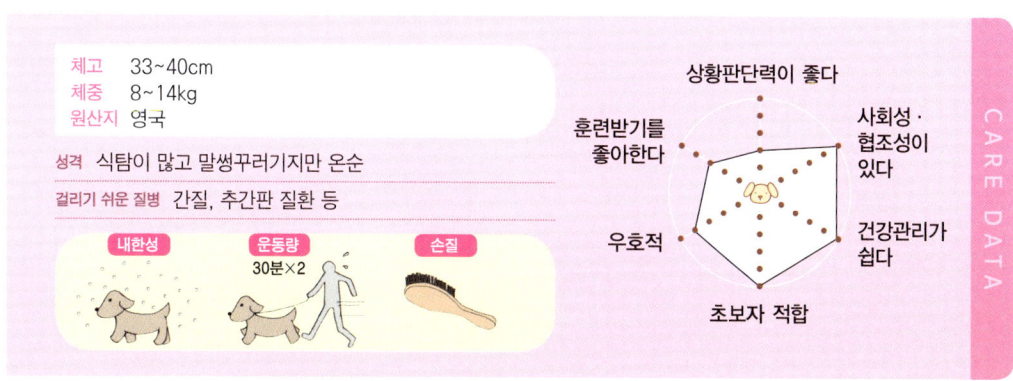

골든 리트리버
Golden Retriever

견종번호 111
대형견 그룹 8

건강하고 쾌활·놀기 좋아하는 황금색 개구쟁이

성장하면서 멋진 애견으로

한때 날리던 인기는 한풀 꺾였지만 여전히 뿌리 깊은 인기를 자랑하는 골든 리트리버는 사람이나 다른 개와 노는 것을 매우 좋아하는 명랑하고 쾌활한 견종이다.

생후 2세까지는 응석이 심하고 항상 가족과 있고 싶어 한다. 과도하게 짖기도 하고 심한 장난으로 실내를 엉망으로 만드는 경우도 종종 있다. 하지만 생후 2세를 넘기면 우수한 반려견이 될 것이고 가족이 함께 극복한다면 3세부터는 믿기지 않을 만큼 침착하게 변모해서 반려인은 오히려 적적함을 느낄지도 모른다.

이 사랑스러운 황금색 파트너의 역사는 그리 오래되지 않았다. 19세기 후반 스코틀랜드의 트위드 머스 경이 지금은 멸종된 트위드 워터 스패니얼에게서 우연히 태어난 황금색 새끼를 토대로 만들어냈다고 한다.

이상적인 반려견이지만 높은 인기 때문에 무분별하게 번식시킨 결과 유전성 고관절형성부전이 많이 발견된다. 안타깝게도 새끼 때는 파악하기 어렵고 성장하면서 발병하는 케이스가 대부분이므로 정기적인 건강진단과 적절한 운동을 권장한다.

퍼그
Pug

견종번호 253 | 소형견 | 그룹 9

눌린 얼굴이 사랑스런, 사람을 좋아하는 개

'주먹'이 이름의 유래?

얼굴을 가만히 들여다 보면 '주먹'이 연상되는데 퍼그의 어원은 라틴어로 '주먹'을 뜻하는 '퍼그너스'이다. 듣고 보니 그럴듯한 이 퍼그의 얼굴을 좋아하는 사람은 많다. 기록으로는 기원전 400년경까지 거슬러 올라갈 수 있다. 사원에서 소중하게 키웠던 듯하며 페키니즈와 한 조상을 가졌다고 한다.

생긴 것과 달리 매우 쾌활하고 영리하며 인내심이 강하고 공격적인 면이 전혀 없는 견종이기 때문에 어린아이와도 안심하고 놀게 할 수 있다. 단 코끝이 눌려 호흡이 거칠고 코고는 소리가 크다. 퍼그를 좋아한다면 신경 쓰이지 않겠지만 처음 키우는 사람은 놀랄 수도 있다. 또 호흡이 어렵고, 열효율이 좋지 않아 더위에 매우 취약하다. 열사병으로 사망한 예도 있으므로 날씨가 좋은 날 차안에 가둬두거나 한여름의 햇빛 속에서 산책하는 것은 위험하며 평소 온도관리에 신경 써야 한다.

견종번호 101
소형견 | 그룹 9

프렌치 불독
French Bulldog

인기가 급상승한, 캐릭터성이 뛰어난 불독

얼굴은 무섭지만 정이 많은 성격

최근 들어 특히 사람들이 많이 데리고 다니는 개가 바로 프렌치 불독이다. 캐릭터가 강렬하고 애교가 많아 저도 모르게 만지고 싶어지는 매력의 소유자이다.

잉글리시 불독을 베이스로 1860년경 프랑스에서 퍼그와 테리어를 교배하여 만들어졌다. 실제 성격은 의외로 조용하고 정이 많으며 섬세한 것으로 알려져 있는데, 새끼 때도 호기심은 강하지만 크게 폭주하는 경향은 없다. 머리가 좋고 주인의 말에 귀를 기울일 줄 아는 배려심이 있다.

체형은 단단한 근육질로 건강하지만, 코가 눌린 견종 특유의 얼굴 구조 때문에 기도가 짧아서 심한 운동을 하면 금방 호흡이 거칠어진다. 또 호흡이 부드럽지 않기 때문에 체내에 열이 쌓이기 쉽고, 체온이 상승하면 열사병에 걸릴 수 있으니 한여름의 온도관리에 각별히 신경 써야 한다.

침을 많이 흘리는데다 얼굴의 주름 사이에 오염물질이 끼기 쉬운 체질이다. 방치하면 피부병의 원인이 되므로 평소 전용수건으로 자주 닦아주고, 식후나 산책 시에도 얼굴을 자주 닦아서 청결을 유지하도록 한다.

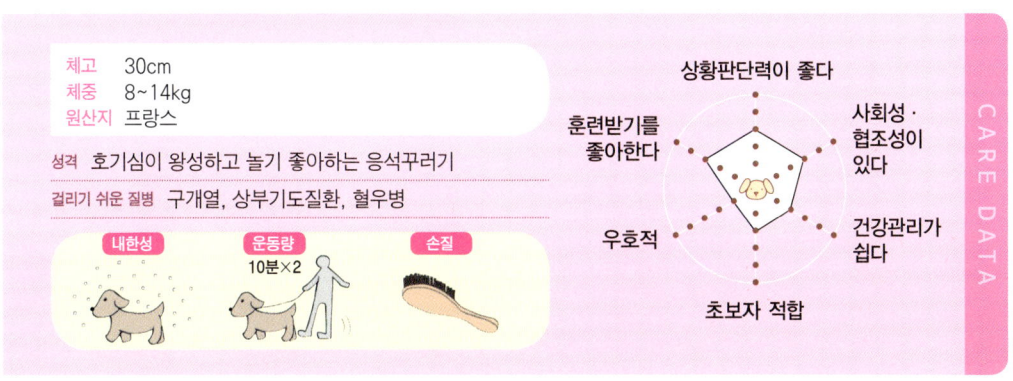

미니어처 핀셔
Miniature Pinscher

견종번호 185
소형견 | 그룹 2

작지만 스피디하게 움직이는 마초맨

독특한 스타일의 경쾌한 워킹

도베르만을 축소시킨 듯한 미니어처 핀셔는 '미니 핀'이라는 애칭으로 친숙하다. 실제로 수백 년의 역사를 가진 이 늠름한 미니어처 핀셔는 도베르만보다 약 20년이나 역사가 더 길며 유전적 연관성은 없다.

성격은 매우 활발하며 걷는 모습이 특징적이다. 마장경기의 말처럼 앞다리를 높게 들고 걷는 '해크니 hackney'라는 워킹 스타일 때문에 더욱 경쾌해 보인다.

소형견이지만 근육질이므로 매일 충분히 운동시켜야 한다. 순발력과 점프력이 뛰어나 상당한 높이의 점프가 가능하지만 심한 운동이나 점프 때문에 관절을 다치거나 탈구되는 사고가 많으니 가능한 자제시키는 편이 좋다.

다소 고집이 세고 자존심이 강한 면이 있지만 평소에는 명랑하고 사람을 잘 따르는 성격이다. 단 응석을 받아주며 키우면 공연한 헛울음이 많고 신경질적인 개가 될 수도 있다. 훈련은 엄격하게, 놀이는 즐겁게, 탄력적인 생활을 시키도록 한다.

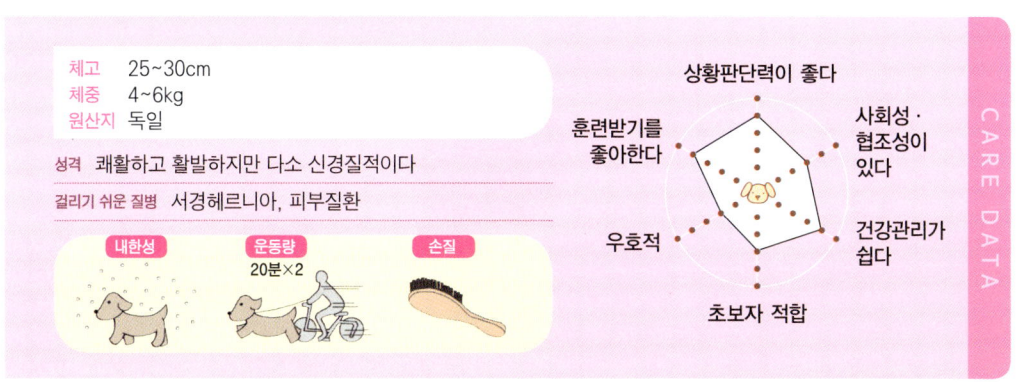

견종번호 167
중형견 | 그룹 8

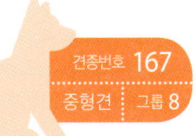

아메리칸 코커스패니얼

American Cocker Spaniel

미국으로 건너온 코커스패니얼

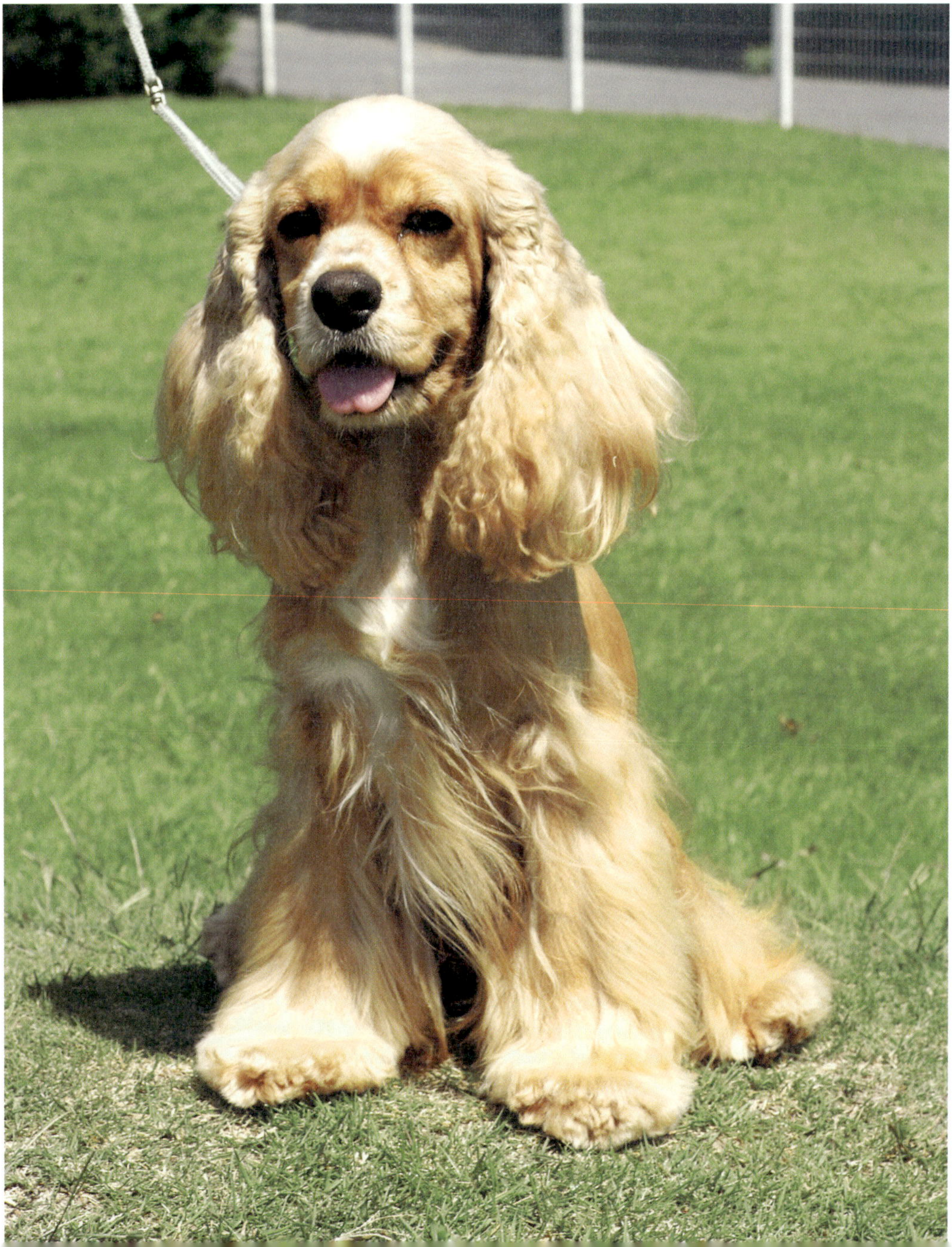

코끝이 둥근 아메리칸 코커

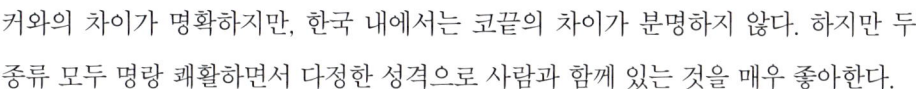

 1620년경 영국에서 건너온 이민자들과 함께 미국 땅을 밟은 잉글리시 코커스패니얼 중에서 얼굴이 둥근 개끼리 재교배시켜 탄생한 것이 아메리칸 코커스패니얼이다.

 잉글리시 코커스패니얼과 가까운 친척관계인 만큼 두 견종의 생김새는 많이 비슷하다. 아메리칸 코커는 코끝이 둥글고, 잉글리시 코커는 코끝이 길다는 것이 구분 포인트이다.

 해외의 도그쇼에서는 아메리칸 코커와 잉글리시 코커와의 차이가 명확하지만, 한국 내에서는 코끝의 차이가 분명하지 않다. 하지만 두 종류 모두 명랑 쾌활하면서 다정한 성격으로 사람과 함께 있는 것을 매우 좋아한다.

 실크처럼 아름다운 털은 프로 트리머에게 손질을 맡기는 것이 편하다. 늘어진 귀를 가졌고 피부가 약한 개체가 많으니 외이염이나 알레르기성 피부염 등에 주의해야 한다.

 훈련의 이해도 좋고 똑똑한 견종이지만, 어리광도 능숙하므로 주인이 끌려 다니지 않도록 조심해야 한다.

셰틀랜드 십독
Shetland Sheepdog

견종번호 88
소형견 | 그룹 1

한때 대인기의 그늘에서 고생한 셸티

서늘한 눈빛의 건강하고 튼튼한 개

셰틀랜드 십독은 '셸티'라는 애칭으로 친숙하다. 원래 온순하고 쾌활하며 건강하고 튼튼했던 셸티는 무분별한 번식의 여파로 신경질적이고 겁이 많고 헛울음이 잦은 성격으로 변한데다 관절계의 유전병까지 떠안은 허약한 견종이 되었다. 그로 인해 일시적인 대유행은 사라졌지만 덕분에 최근 다시 본래의 멋진 셸티로 돌아오게 되었다.

원산지인 셰틀랜드 제도는 한풍이 불어대는 황량하고 험준한 환경 탓에 말이나 양, 소 등 동물의 크기가 다소 작은 편이고, 그런 가축들을 관리했던 개도 소형종이 많았다. 거친 환경에서 목양견으로 활약했던 셸티는 콜리와 소형 스패니얼, 빠삐용, 포메라니안 등과 교배되어 현재의 아름답고 화려하고 늠름한 모습이 탄생했다.

목양견 출신인 만큼 운동량이 상당하므로 아침저녁으로 하루 최소 2회, 각각 30분씩의 산책이 필요하다. 산책으로 확실한 운동을 시키는 동시에 커뮤니케이션을 도모하는 것이 바람직하다.

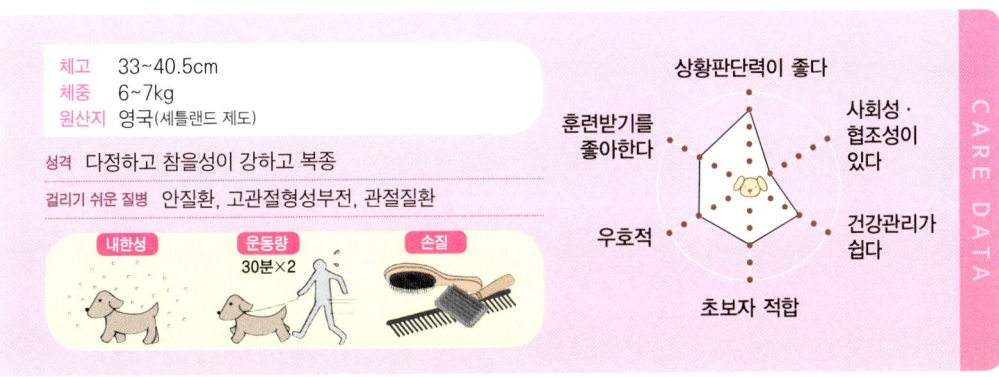

체고 33~40.5cm
체중 6~7kg
원산지 영국(셰틀랜드 제도)
성격 다정하고 참을성이 강하고 복종
걸리기 쉬운 질병 안질환, 고관절형성부전, 관절질환

내한성 / 운동량 30분×2 / 손질

CARE DATA

상황판단력이 좋다
훈련받기를 좋아한다
사회성·협조성이 있다
우호적
건강관리가 쉽다
초보자 적합

셰틀랜드 십독 89

견종번호 345
소형견 | 그룹 3

잭 러셀 테리어
Jack Russell Terrier

일단 힘차게 달리고 보는 장난꾸러기

혹시 자신을 대형견이라고 생각하는 걸까!?

잭 러셀 테리어는 1819년 파슨 잭 러셀이라는 목축업자가 키우던 '트럼프'라는 이름의 개가 조상이며, 여우사냥을 목적으로 만들어진 견종이다.

쾌활하고 승부욕이 강한 성격으로, 원래 땅굴에 숨어 있는 동물을 짖어서 쫓아내는 역할을 했던 만큼 반려견이 된 지금도 덩치 큰 개에게 맞서려는 경향이 있다. 무서운 줄 모르고 자신을 대형견이라고 착각하는 것 같다.

또 매우 천진난만하고 장난치기를 좋아하는데, 눈을 떼면 어떤 장난을 칠지 짐작할 수 없지만 한 가지 분명한 사실은 악의는 전혀 없다는 것이다. 하면 안 되는 것을 알고는 있지만 본인도 그만둘 수가 없는 모양이다. 필요 이상으로 시끄럽고 존재감이 넘치는 견종이므로 적적한 집에 잘 맞을 것이다.

모질에는 스무스, 와이어, 롱 세 가지 타입이 있으며 털빠짐이 심해서 실내가 금세 털로 덮인다는 단점이 있다. 기본적으로는 다리가 짧은 것이 특징인데, 다리가 짧은 잭 러셀 테리어는 오스트레일리아 계열 타입이고, 다리가 긴 파슨 러셀 테리어는 영국 계열 타입이다.

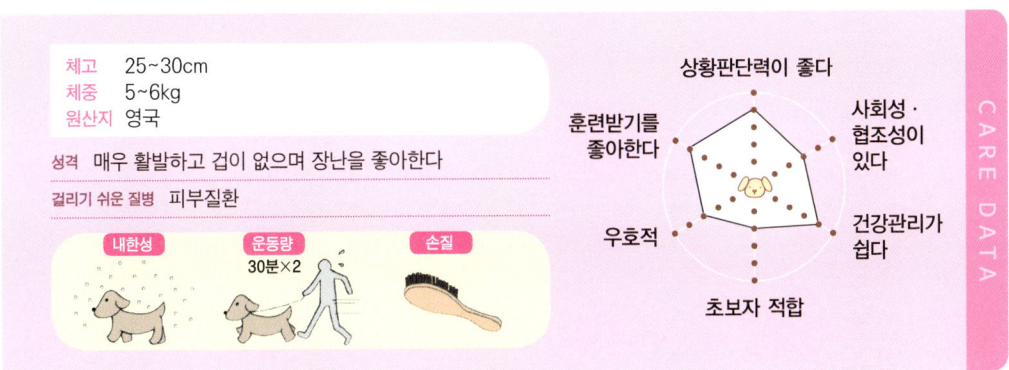

보더 콜리
Border Collie

견종번호 297
중형견 그룹 1

믿을 수 없을 만큼 뛰어난 운동능력의 소유자

프리스비 등 만능 스포츠견

견종을 통틀어 이 정도로 운동능력이 뛰어난 개는 없지 않을까? 온몸이 용수철처럼 움직이는 보더 콜리는 프리스비 대회나 어질리티 경기 등에서 항상 상위에 랭크된다.

보더 콜리의 '보더'는 국경을 뜻하는데, 스코틀랜드와 잉글랜드의 국경 부근에서 탄생해 목양견으로 멋진 능력을 발휘했다. 지금도 목양견 중 가장 뛰어난 견종으로 인정받고 있으며 가축을 컨트롤하는 기술이 천하일품이다. 지능이 높고 상황판단이 뛰어나며 천진난만하고, 사람에게 공격적인 면을 전혀 보이지 않는다. 주인을 신뢰하고 아이들과도 잘 놀아주니 반려견으로서도 최고라고 할 수 있다.

운동신경이 좋다고 해서 무턱대고 운동을 시키면 관절질환과 피부질환에 걸릴 수 있으니 과격한 운동은 피하는 것이 좋다. 산책은 매일 아침저녁으로 하루 2회, 자전거 등을 이용해 구보를 포함한 운동을 충분히 시켜준다. 훈련시키기도 쉽고 습득도 빨라서 다양한 훈련의 재미를 주는 견종이니 함께 행동하면서 다양한 기술을 익히게 하면 주인과 개 모두에게 바람직할 것이다.

보스턴 테리어
견종번호 140 | 소형견 | 그룹 9
Boston Terrier

작지만 의무감이 강한 어엿한 번견

투견의 피가 흐르는 용감한 견종

미국에서 개량을 거듭해온 보스톤 테리어는 약 100년의 역사를 갖고 있다. 뿌리가 되는 핏불이나 복서, 불독, 프렌치 불독, 불 테리어 등은 모두 투견 출신이다. 하지만 이 쟁쟁한 견종들의 좋은 면만 부각시켰기 때문에, 보스톤 테리어는 침착하고 온순, 영리하면서도 사람을 잘 따르는 멋진 면모를 보인다. 의무감이 강한 성격이므로 가족이나 재산을 지킬 수 있는 든

든한 번견이 될 것이다. 머리가 너무 좋아서 주인과의 커뮤니케이션이 부족하면 도를 넘는 꾀를 낼 수 있으니 그렇게 되지 않도록 미리 신경 쓰도록 한다.

비교적 활동적인 견종인 만큼 아침저녁으로 각각 30분은 산책해야 한다. 단 코가 눌려 있어 호흡이 부드럽지 못하고, 더운 여름에는 체온 상승으로 연결되므로 서늘한 시간대에 운동시키도록 한다.

털빠짐이 많은 편이어서 좀 더 청소에 신경 써야 하지만 보스톤 테리어의 멋진 면도 많으니 즐기기 바란다.

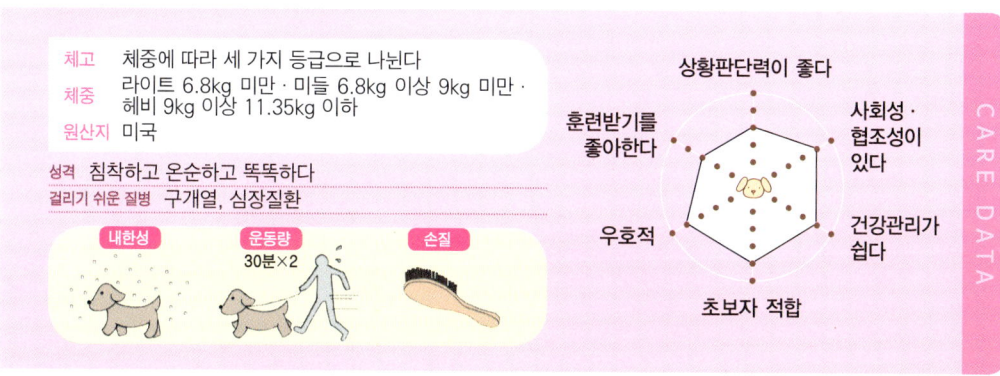

견종번호 85
소형견 | 그룹 3

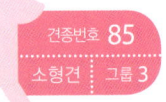

웨스트 하일랜드 화이트 테리어

West Highland White Terrier

순백의 케언 테리어가 조상인 인기견

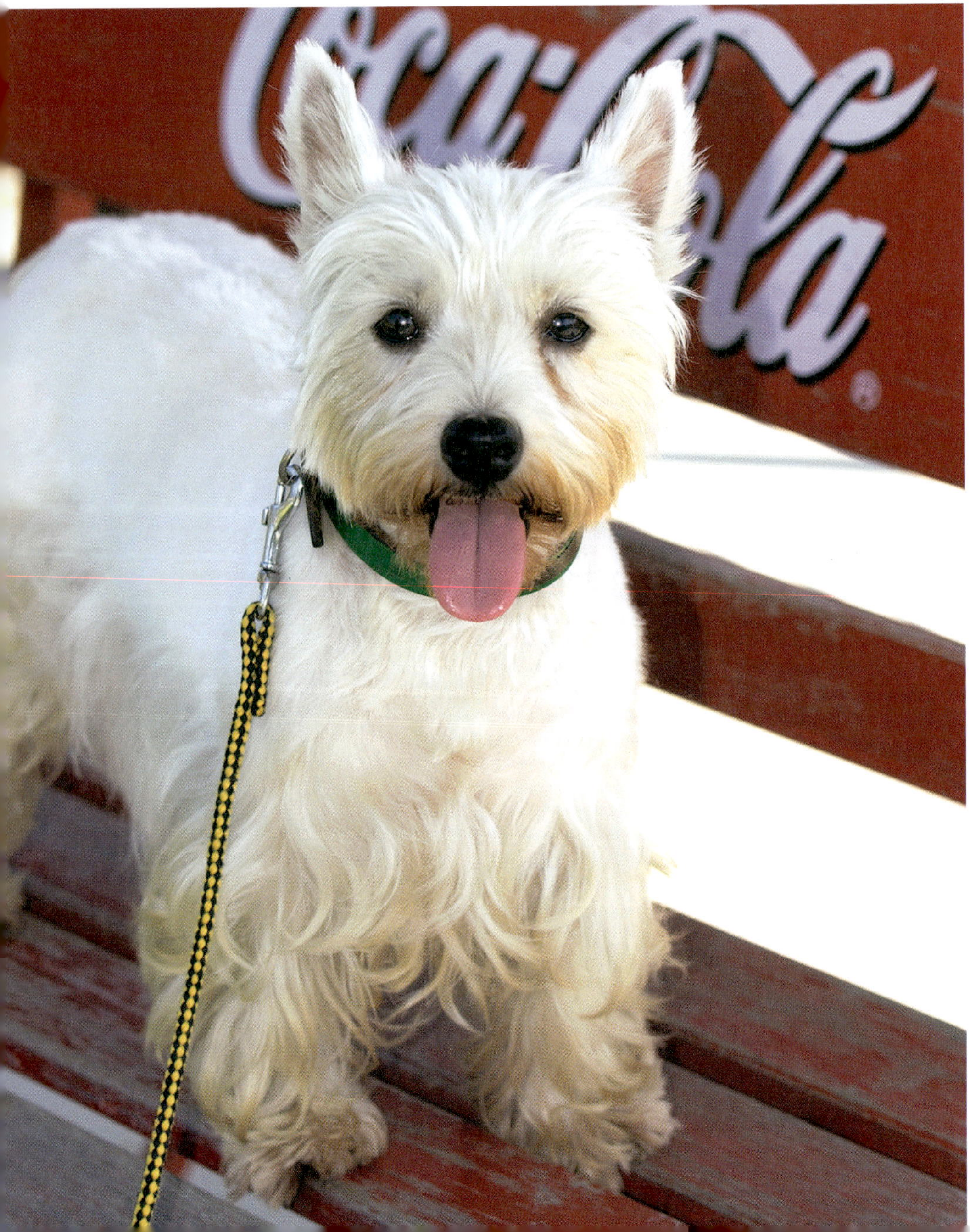

쾌활하지만 제멋대로이고 고집쟁이

새하얀 털과 귀엽고 동그란 눈으로 활발하게 돌아다니는 사랑스러운 모습 때문에 '웨스티'라는 애칭으로 불릴 만큼 인기가 높았다. 하지만 상당한 고집불통인데다 승부욕이 강해서 대형견이 다가오면 '멍멍' 짖어대는 모습이 자주 목격된다. 자기중심적인 성격이라 조금이라도 자기 뜻대로 되지 않으면 공격적으로 나오기도 한다.

그런 웨스티의 뿌리는 조금 슬픈 처지에서 시작된다. 원래 고향 스코틀랜드에서는 케언 테리어와 웨스트 하일랜드 화이트 테리어를 동종으로 여겼다. 19세기까지만 해도 케언 테리어에게서 간혹 태어나는 하얀 테리어는 허약하고 겁쟁이라는 속설 때문에 도태되는 것이 일반적이었다. 하지만 매컴 대령이 하얀 케언 테리어를 보호하면서 개량을 거듭한 결과, 1904년 현재의 웨스트 하일랜드 화이트 테리어라는 이름으로 공인되었다.

호기심이 왕성하고 주인에게는 응석쟁이며 훈련은 힘든 편이므로 여러 차례 반복하며 끈기 있게 훈련시킬 수밖에 없다. 사람을 물기도 하므로 특히 어린이가 다가갈 때는 주의해야 한다.

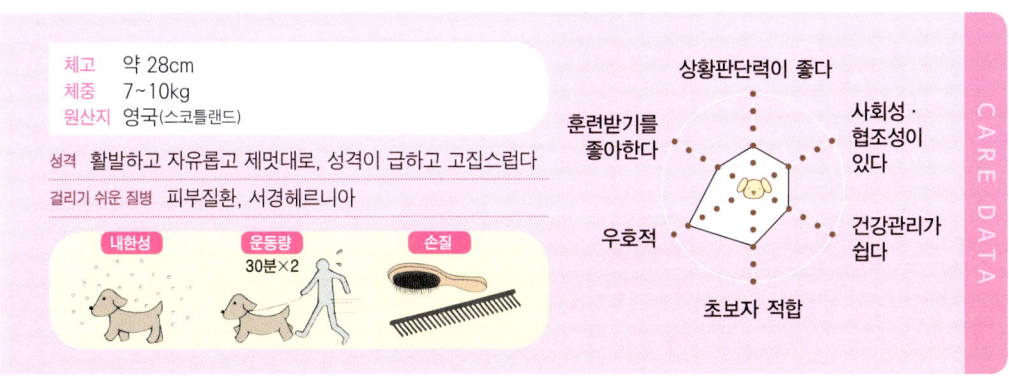

견종번호 207
소형견 | 그룹 9

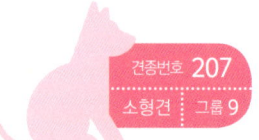

페키니즈

Pekingese

오랜 역사를 가진 중국 궁정의 부적

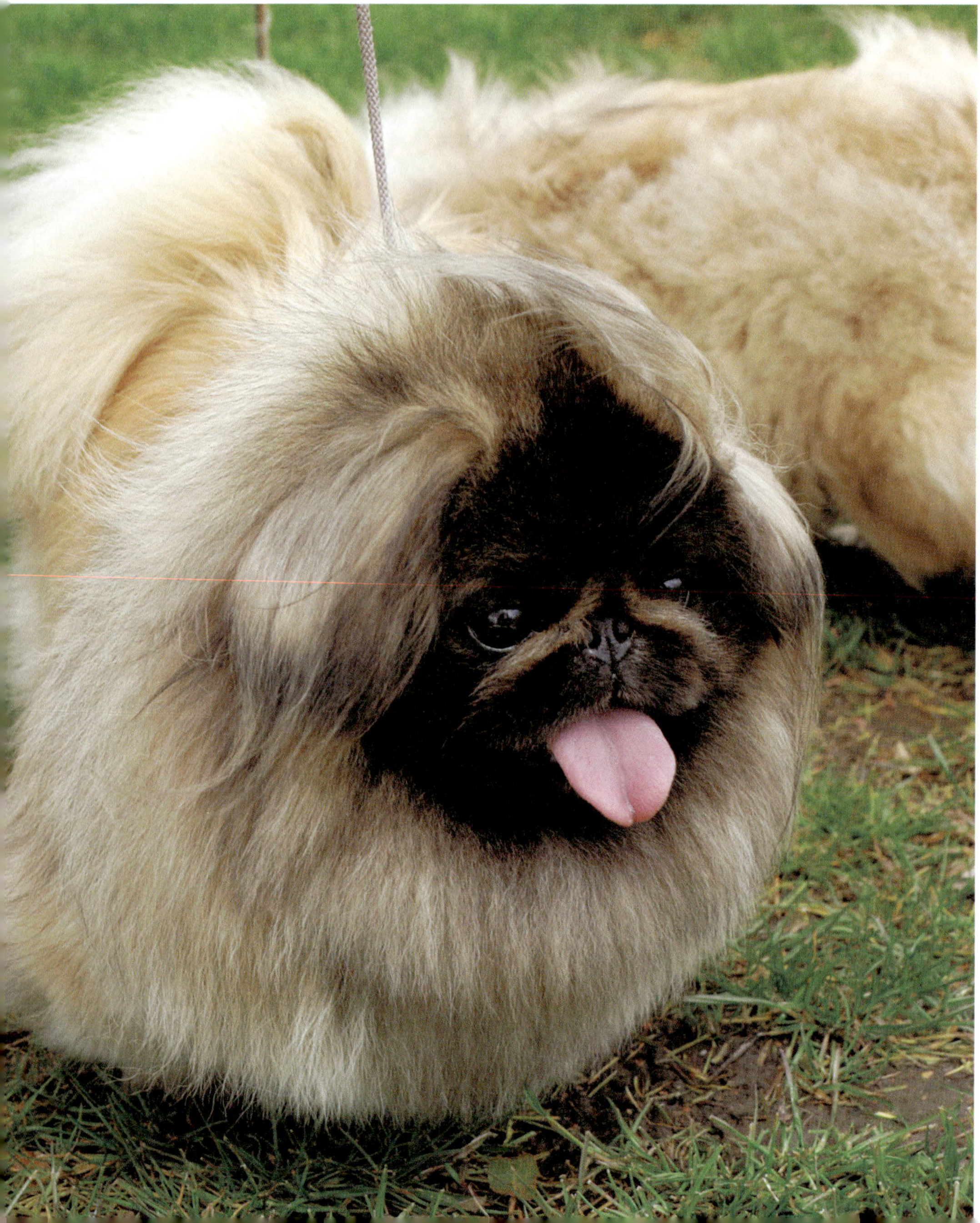

마이페이스의 고양이 같은 성격

8세기경 당나라시대, 중국 궁정에서는 이 개를 부적으로 삼고 문밖출입을 시키지 않으며 소중히 키웠다. 조상은 라소 압사이며, 퍼그나 시추의 탄생에도 영향을 끼쳤을 것으로 보인다.

마치 고양이처럼 마이페이스이며 제멋대로 생활하고 싶어 하는 견종이다. 그러면서도 응석받이여서 기분에 따라 안겨 있고 싶어 하고, 신경질적으로 짖어대기도 하는 등 버릇없는 성격이다. 이 성격을 방치하다가는 공격적인 면이 두드러지게 되니 개의 페이스를 존중하면서도 과하게 응석을 받아주지 않는 선에서 애정을 쏟고 커뮤니케이션을 통해 두터운 신뢰관계를 구축해야 한다.

운동은 실내에서 돌아다니는 정도로 충분하지만, 나이를 먹으면 움직이기도 귀찮아 하고 항상 자고 싶어 하므로 억지로라도 산책을 시키는 편이 좋다. 하지만 추간판헤

르니아가 많이 발생하는 견종인 만큼 심한 운동이나 높은 곳에서 뛰어내리는 일이 없도록 주의해야 한다.

특징인 긴 털은 매일 빗질로 결을 정리하고 먼지를 털어주도록 한다. 털이 눈에 들어가면 눈병에 걸리기 쉬우니 얼굴 주변의 불필요한 털은 트리밍하는 것이 좋다.

버니즈 마운틴 도그
Bernese Mountain Dog

견종번호 45
대형견 | 그룹 2

멸종위기에서 부활한 인기 대형견

힘세고 다정한 마운틴 도그

버니즈라는 이름은 원산지 스위스의 베른 시에서 유래되었다. 원래 산악지대의 농가에서 번견으로 가축을 보호하거나 짐차를 끄는 등 여러 가지 일을 돕는 중요한 일꾼이었다. 한때는 멸종위기에 처해 개체 수가 현저히 줄었다가 1892년 스위스의 애견가들에 의해 번식이 이루어졌고, 현재는 대형 반려견을 대표하는 견종 중 하나가 되었다.

새끼 때는 발랄하지만 성견이 되면 매우 얌전해지고 판단력도 뛰어나서 주인의 명령 없이도 스스로 생각하고 행동할 줄 아는 견종이다. 평소에는 멍하지만 필요할 때면 믿음직스러운 가족이다. 어지간한 장난도 잘 참고 상대해주는 만큼 안심하고 아이들의 놀이상대를 맡길 수 있다.

힘이 센 만큼 매일 확실하게 운동을 시켜야 한다. 아침저녁으로 하루 2회, 적어도 1시간씩의 산책이 필요하다. 단 혹시 모를 고관절형성부전이 있을 수 있으므로 반려견의 건강 상태를 잘 파악한 후에 운동 내용을 짜야 한다.

추위에 강하고 침착하게 대응하는 면이 교외의 주택에 잘 어울리는 버니즈는 훈련의 이해가 빠르므로 훌륭한 반려견이 될 것이다.

이탈리안 그레이하운드
Italian Greyhound

견종번호 200
소형견 | 그룹 10

고대 로마시대 때부터 사람들과 함께한 개

슬림한 라인의 소유자

휘감긴 회초리 같은 꼬리와 슬림한 몸에서 소심한 개라는 이미지가 느껴지지만, 반려가족 등 마음을 허락한 상대에게는 명랑하고 천진난만하며 다정다감하다.

슬림한 데 비해 상당히 활발하고 달리거나 점프하면서 운동하는 것을 매우 좋아하지만 마른만큼 지나치게 심한 운동은 골절 등의 부상으로 이어지니 조심해야 한다.

몸에 딱 달라붙은 듯한 짧은 털은 털빠짐이 적은데다 체취도 거의 없어서 실내에서 키우기는 어렵지 않다. 짖는 버릇도 없어서 아파트에서도 안심하고 키울 수 있는 견종이다.

서력 79년의 고대 로마시대, 화산 분화로 잿더미에 파묻힌 도시 폼페이의 유적에서도 이탈리안 그레이하운드가 존재했다는 증거가 발견되었다. 오래전부터 인간과 함께 생활해온 이탈리안 그레이하운드는 중세에 남부 유럽과 이탈리아로 확산된 것으로 보인다.

손도 많이 가지 않고 키우기도 쉽지만, 골절 외에도 간질병이 자주 발견되니 건강관리에 신경 써야 한다.

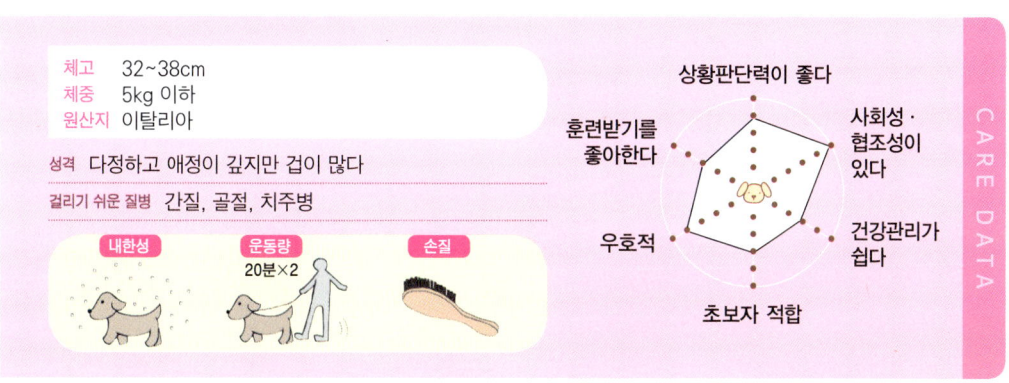

불독
Bulldog

투견으로 탄생한 용감무쌍한 개

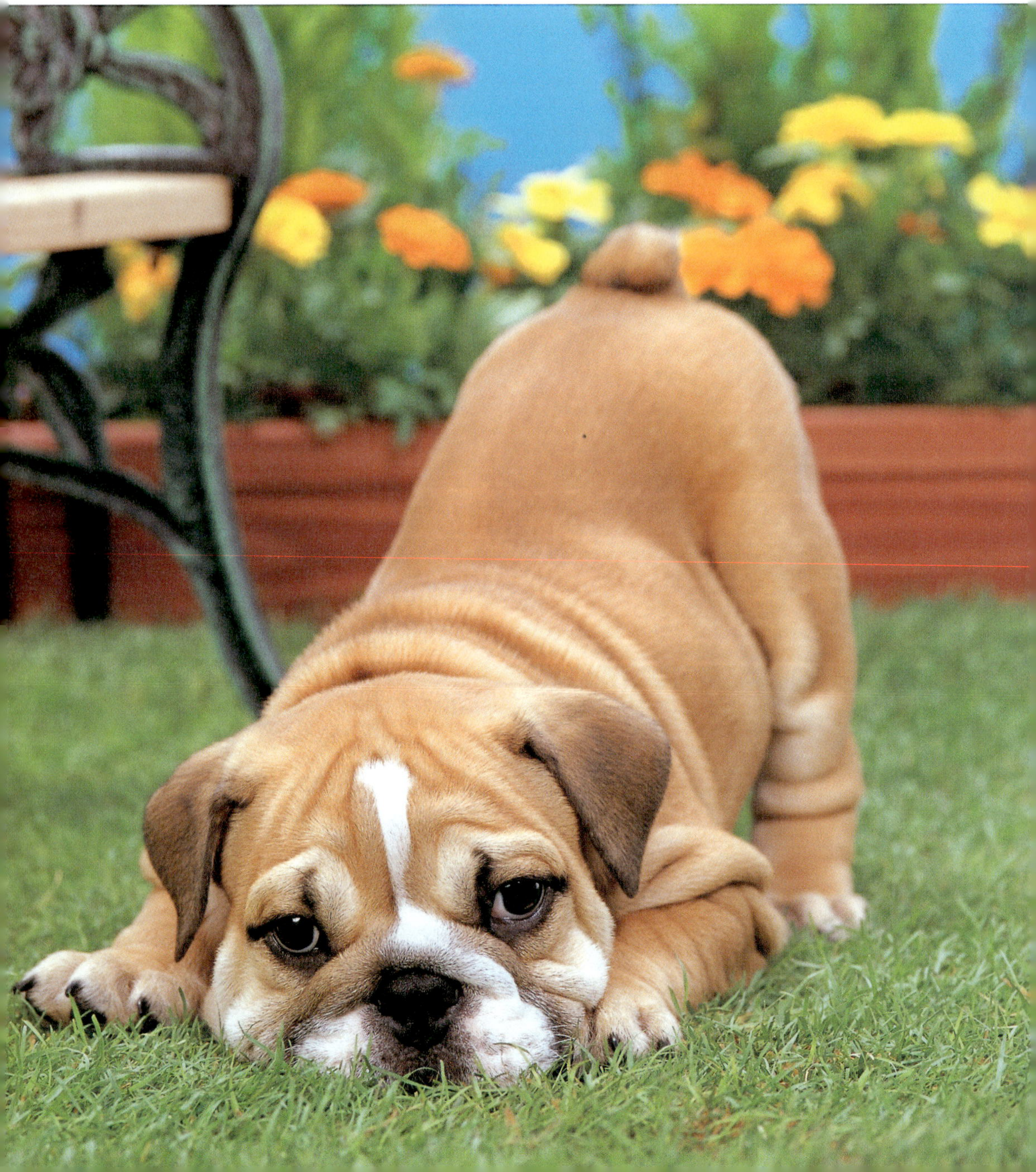

다정한 성격으로 개량된 투견

최근에는 캐릭터성이 강해서 귀여운 이미지가 되었지만, 원래는 황소와 싸움을 시킬 목적으로 만들어낸 투견이다. 1835년, 이 개를 다른 동물과 싸우게 하는 것이 금지되면서 멸종 위기에 놓였었다. 어느 누구도 불독을 반려견으로 맞이하고 싶어 하지 않았기 때문이다. 하지만 개량이 진행되면서 다정한 성격이 되었고 현재는 반려견으로 사랑받고 있다.

투견이었던 과거의 역사가 거짓말인 것처럼 매우 온순하고 조용한 성격을 가진 불독은 한편으로는 놀라울 만큼 어리광이 심해서 항상 주인 곁에 있고 싶어 한다.

심한 장난을 치거나 주인의 말을 거역하는 일도 없어서 사육은 크게 힘들지 않다. 하지만 안질환에 걸리기 쉽고, 코끝이 눌린 견종 특유의 신체구조 때문에 호흡이 거칠고 체온조절이 어려우므로 항상 건강 관리에 힘써야 한다. 특히 한여름에는 서늘한 장소를 제공해야 한다.

새끼 때부터 심한 운동은 좋지 않으니 기분 전환 정도의 간단한 산책 정도로만 한다. 주인이 가까이 있으면 하루의 대부분을 안심하고 누워서 잔다. 얼굴은 무섭게 생겼지만 도저히 미워할 수 없는 귀여운 견종이다.

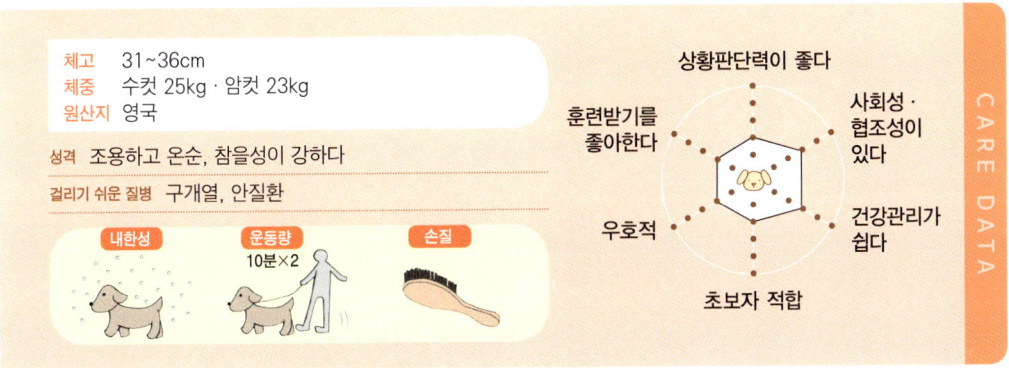

잉글리시 코커스패니얼
English Cocker Spaniel

견종번호 5 | 중형견 | 그룹 8

유서 깊고 똑똑한 영국의 조렵견

반려인의 역량을 시험하는 견종

아메리칸 코커스패니얼의 조상으로 애칭인 'E·코커'로도 친숙하다. 매우 영리하고 쾌활하며 인내심이 강해서 반려견으로 딱 맞는 사이즈의 견종이다. 너무 영리해서 주인의 역량이 부족하면 금방 간파당한다. 그렇게 되면 리더십을 발

휘하고 싶어 하는 코커는 반려가족에게 공격적으로 나오니 결코 만만하지 않게, 하지만 애정을 담아 엄격한 태도로 훈련해야 한다.

영국에서는 17세기부터 산도요새라는 물떼새의 일종인 새를 사냥할 때 전용 엽견으로 활약했다. 때문에 산도요새의 영어이름인 '코커'라는 이름이 붙었다. 아메리칸 코커의 조상인 잉글리시 스프링거 스패니얼과도 가까운 친척관계이다.

긴 털은 일자빗으로 매일 빗질을 거르지 말고 결을 정리해주도록 한다. 이는 개와의 커뮤니케이션으로 이어진다.

운동을 매우 좋아하므로, 아침저녁으로 2회, 각각 30분 정도 산책하는 것이 좋다. 산책 중 안전한 공터에서 자유운동을 시키면 스트레스가 해소되어 E·코커도 기뻐할 것이다.

견종번호 121
대형견 그룹 8

플랫 코티드 리트리버
Flat Coated Retriever

칠흑같이 매끄러운 코트를 입은 신사

(골든+래브)÷2=?

쾌활활발하며 매우 영리하고 다정한 플랫 코티드 리트리버는 수년 전부터 등록견수가 늘고 있는 견종이다. 골든 리트리버와 래브라도 리트리버를 합쳐서 반반씩 나눈 듯한 이 견종은 생후 2세가 될 때까지는 천진난만하고 장난이 심해서 실내를 어지럽힐 것쯤은 각

오해야 한다. 하지만 골든이나 래브와 마찬가지로 2~3세 무렵부터는 안정되어 침착함이 피부로 느껴질 만큼 얌전해진다. 어린아이와 놀 때도 사소한 장난에는 화내지 않고 강한 인내심을 발휘한다.

확실하지는 않지만 19세기 초에 조렵견으로 탄생되었다고 하며 조상 중에는 래브나 뉴펀들랜드, 세터, 콜리 등의 피가 섞여 있다.

사냥감의 회수력을 높이기 위해서 만들어진 조렵견으로, 똑똑하고 운동능력이 뛰어나므로 매일 자전거로 구보운동을 시키거나 안전한 공터에서 놀이를 도입한 운동을 시킨다. 이를 통해 커뮤니케이션을 하며 신뢰관계를 강화할 수 있을 것이다.

간혹 피부질환이 발견되지만 매일 거르지 말고 빗질을 하며 몸을 만지다 보면 조기발견, 조기치료가 가능할 것이다.

초콜릿색도 있다

플랫 코티드 리트리버 109

와이어 폭스 테리어
Wire Fox Terrier

견종번호 169
소형견 그룹 3

덥수룩한 얼굴이 귀여운 테리어

개구쟁이 포커페이스

독특하게 트리밍한 스타일로 인기를 끄는 와이어 폭스 테리어는 호기심과 에너지가 넘치는 개구쟁이이다. 반려가족 앞에서는 순종적이고 편안하게 있지만 낯선 사람에게는 경계심을 늦추지 않는다. 테리어의 거친 피가 끓는지 다른 개와의 싸움으로 발전하는 경우도 있다.

표정을 감추는 털 때문에 기분이 잘 드러나지 않는 포커페이스다. 함부로 다가갔다가 짖거나 물릴 수 있으니 주인이 아닌 사람이 다가갈 때는 조심하도록 한다.

섬세한 면도 있어서 주인과의 커뮤니케이션이 부족하거나 갑작스러운 환경의 변화를 겪으면 스트레스를 받기도 한다. 산책을 매우 좋아하고 기대하는 만큼 매일 데리고 나가지 않으면 침울해진다.

원래 스무스였던 모질에서 와이어로 탄생했는데 이 와이어의 피모는 털빠짐이 적어서 손질이 쉽다. 영국에서 여우사냥의 발전과 함께 개량되어 18세기에 이미 '폭스 테리어'라는 이름으로 불렸다.

달마시안
Dalmatian

견종번호 153
대형견 | 그룹 6

수천 년 전부터 존재한 반점무늬의 개

건강! 활발! 지칠 줄 모르는 개

고대 이집트시대에 이미 반점 무늬의 개가 존재했다는 증거가 있지만 그 후손과 달마시안이 직접 관련 있는지는 확실하지 않다. 크로아티아 달마시아 지방의 토착견을 개량시켜 탄생한 데서 이름이 붙여졌다.

건강하고 활발하며 지칠 줄 모르는 견종으로 상당한 운동량이 필요하다. 호기심이 매우 강한데, 특히 젊은 개는 한번 마음에 든 것은 끝까지 추구하는 혈기왕성한 면이 있으므로 주인이 확실하게 컨트롤하지 못하면 예기치 못한 사고로 이어질 수 있다.

확실한 커뮤니케이션을 통해 응석을 부리지 않게 되면, 기억력이 좋아 힘들이지 않고 훈련이 가능하다. 가족에게 어리광이 심하고 항상 함께 있고 싶어 하는 반면, 낯선 사람에게는 마음을 허락하지 않고 계속 무시한다.

털은 짧고 조밀해서 손질하기 쉬우며 짧은 털인데도 추위에 강해서 눈이 오는 추운 날에도 밖에서 신나게 뛰어논다.

상당한 운동량을 소화시키는 동시에 개를 만족시키려면 주인이 매일 자전거로 반주해야 할 것이다. 원래 유럽에서는 마차 주위를 달리며 호위했던 만큼 자전거를 이용하지 않으면 넘치는 에너지를 발산시키기 힘들다.

재패니즈 스피츠
Japanese Spitz

견종번호 262 · 소형견 · 그룹 5

한때의 오명을 뒤집고 인기 견종으로 진입

순백의 일본산 스피츠

푹신하고 부드러운 순백의 털로 둘러싸인 재패니즈 스피츠의 인기는 한결같지만, 한때는 좋지 않은 이미지가 있었다. 실외사육을 하는 번견으로 키우던 일본에서는 30년 전만 해도 어디서나 흔히 볼 수 있었다. 이런 인기를 앞세워 무분별하게 번식시킨 결과 신경질적인 면이 전면에 드러나면서 잘 짖고 잘 무는 개라는 오명이 붙었다. 하지만 해외에서 많은 사랑을 받으며 착실하게 사육된 결과 주인에게 복종하고 명랑한 본래의 성격으로 돌아올 수 있었다.

1920년경 시베리아를 경유해 일본에 들어온 독일산 대형 흰 스피츠가 선조이며, 그 후 일본에서 독자적으로 개량되었다. 스피츠라는 이름은 러시아어로 '불'을 의미하는 '스피츠'가 원어라고 하는데, 불이 붙은 듯 시끄럽게 짖어대는 데서 유래된 것 같다. 복슬복슬하고 새하얀 털은 보기보다 손질이 간편하지만 더러워지기 쉬우므로 정기적으로 목욕시키는 것이 좋다.

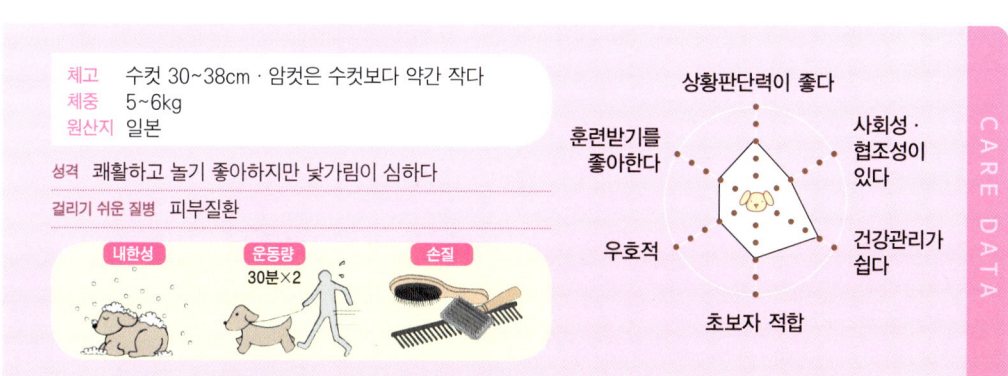

케언 테리어

견종번호 4 | 소형견 | 그룹 3

Cairn Terrier

유서 깊은 최고참 테리어는 호기심이 왕성

영역의식이 매우 강한 번견

케언 테리어는 한때 밭을 어지럽히는 쥐 등의 해수를 벼랑이나 주춧돌 속에 몰아넣고 구제하는 역할을 했다. 스코틀랜드 북서쪽의 스카이 섬이 원산지로, 역사가 매우 긴 테리어 중 하나다.

명랑활발하고 호기심이 강하며 천진난만하게 노는 모습이 주인을 흐뭇하게 하지만 영역의식이 매우 강해서 자신의 영역 내에 침입자가 있으면 달려들므로 케언 테리어를 키우는 곳에 다른 개를 데리고 방문할 때는 특히 조심해야 한다. 테리어의 피가 흘러서인지 보기와 다르게 격한 기질이 있어 갑자기 낯선 사람이 만지면 공격적인 모습을 보이기도 한다.

다양한 것에 흥미를 느끼고 호기심이 왕성한 특징을 긍정적인 방향으로 돌리기 위해서는 여러 산책코스를 마련하여 날마다 다른 루트로 산책하는 것이 좋다.

다소 거친 상모 밑에 부드러운 언더코트가 나 있는 조밀한 더블코트여서 추위에 강하다. 손질은 간단한 빗질을 매일 해주는 것이 좋고, 따뜻해질 때의 털갈이 시기에는 빠진 털을 확실하게 제거해야 한다. 빠진 털이 남아 피부를 막으면 피부질환에 걸리기 쉬운 견종이다.

친
Chin

나라시대에 도래한 장군가의 실내견

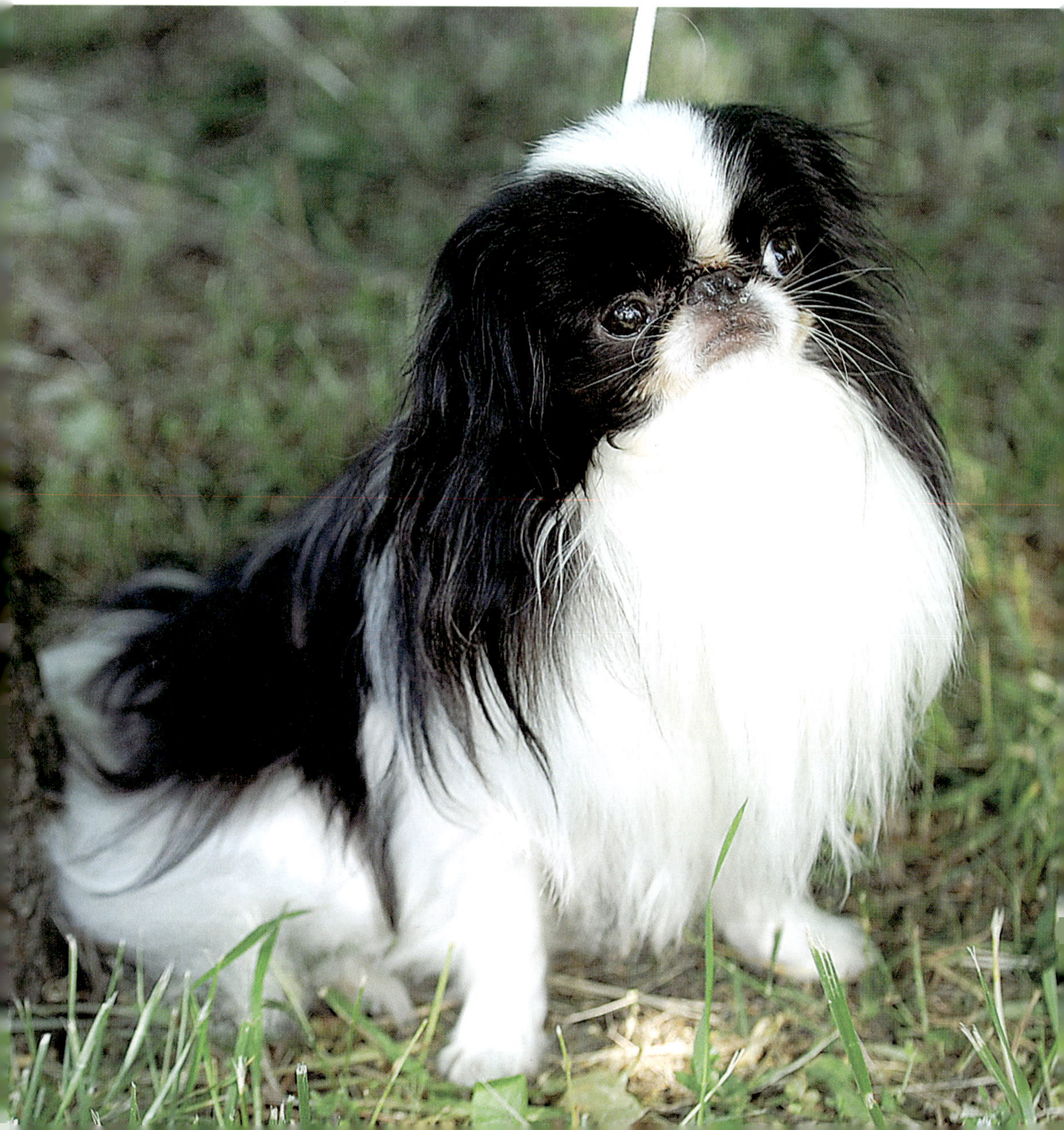

일본견 중 세계 최초로 공인된 개

나라시대 732년, 신라에서 선물 받은 개인데 코가 눌린 모습 때문에 페키니즈나 퍼그 등 중국견의 계통으로 보고 있다. 그 후 세계에 알려져 개량되었고 일본이 원산지인 개로는 최초로 공인되었다.

항상 조용해서 장군가나 귀족가의 집안에서 고양이처럼 키웠다. 그 성격은 지금도 그대로이다. 친의 한자가 '개사슴록변에 가운데중(狆)'인 만큼 옛날부터 일본 실내견의 대표주자였다.

옛날부터 실내사육에 적합했던 만큼 털빠짐이 적고 체취도 거의 없다. 또 장난을 치지 않고 공격적인 면도 전혀 없다. 세계적으로 인기가 높아서 세계 각지의 도그쇼에 많은 개체가 출장하고 있다.

실내견인 만큼 실내에서 노는 것만으로 충분하며 가끔 기분전환 삼아 가벼운 산책에 데려가는 정도가 좋다. 단 추위에 약하므로 겨울에는 무리하게 실외로 데리고 나가지 않도록 하고, 실내에서도 보온이 필요하다. 눌린 코 때문에 호흡이 원활하지 않고 체내에 고인 열을 배출하기 어려운 구조인 만큼 한여름의 더위에 주의를 기울여야 한다.

저먼 셰퍼드 독
German Shepherd Dog

견종번호 166
대형견 그룹 1

'궁극의 개'로 통하는 셰퍼드

우수견의 여부는 반려인의 능력

뛰어난 운동능력과 높은 지능을 겸비한 저먼 셰퍼드 독은 인간의 업무 파트너로 대활약중이며 통칭 셰퍼드라고 한다. 세계적으로 경찰이나 군대 등에서 활발하게 활약하는 데서 이 견종의 높은 지능을 짐작할 수 있다.

스스로 적절한 상황판단을 할 수 있을 만큼 뛰어난데, 초보자는 도저히 다룰 수 없는 견종이다. '훈련받지 않은 셰퍼드는 셰퍼드가 아니다'라는 말이 있을 만큼 주인이 엄격한 훈련방법을 숙지해야 하고, 항상 개와 함께 시간을 보내지 않고서는 이 개의 능력을 끌어낼 수 없기 때문이다.

운동능력이 뛰어난 만큼 매일 장시간의 산책과 자유운동이 필요하다. 그렇지 않으면 신경질적인 성격이 되어 반려인에게도 공격적인 면을 드러낸다. 그 경우 사람이 컨트롤할 수 없으니 이 개를 키우려면 상당한 각오가 필요하다.

'양치기'라는 뜻이 있는 셰퍼드가 탄생한 것은 19세기 말경으로, 본래는 목양견이었다가 독일 육군에서 개량되었다.

심한 운동을 견뎌낼 수 있지만, 확실한 건강관리가 필수조건이다. 관절에 트러블이 생기는 경우가 많으므로 입양 시 반드시 혈통을 확인하고, 신뢰할 수 있는 브리더를 통하는 것이 좋다.

도베르만
Dobermann

견종번호 143
대형견 그룹 2

얼굴은 무섭지만 온순하고 영리한 개

강한 개를 목표로 탄생한 견종

영화나 드라마 등에서 주인공을 습격하는 개 하면 도베르만이거나 로트와일러일 만큼 흉포한 이미지가 강하다. 하지만 원래 성격은 온순하고 호기심이 왕성하며 주인에게는 상당한 응석받이이다. 또한 영리해서 훈련의 이해가 빠르므로 애정을 쏟는다면 멋진 가족이 될 것이다.

털빠짐이 적고 체취도 신경 쓰이지 않으므로 실내 사육 등 모든 면에서 적합한 견종이라고 할 수 있다. 단 어리광이 심하거나 훈련이 부족하면 단순한 난폭꾼이 되어버린다. 일단 그렇게 되면 공격적인 면이 드러나므로 훈련소 등에 맡기는 것이 좋다.

도베르만은 독일에서 가드맨 등 다양한 일을 하던 프리드리히 루이즈 도베르만이라는 사람이 업무 파트너로 삼기 위해서, 단모의 목양견을 베이스로 로트와일러와 저

먼 피셔 등을 교배시켜 만들어낸 견종이다. 견종명은 그의 이름을 붙였다.

일반적으로 귀를 세우기 위해서 단이하고, 꼬리도 짧게 단미하는데, 최근 유럽에서는 단이와 단미가 금지되어 있다. 때문에 도그쇼에서 볼 수 있는 도베르만은 대부분 늘어진 귀와 긴 꼬리로, 딱딱한 인상이 부드럽게 보인다.

피레니안 마운틴 도그
Pyrenean Mountain Dog

피레네 산맥에서 양을 지키던 거대한 흰 개

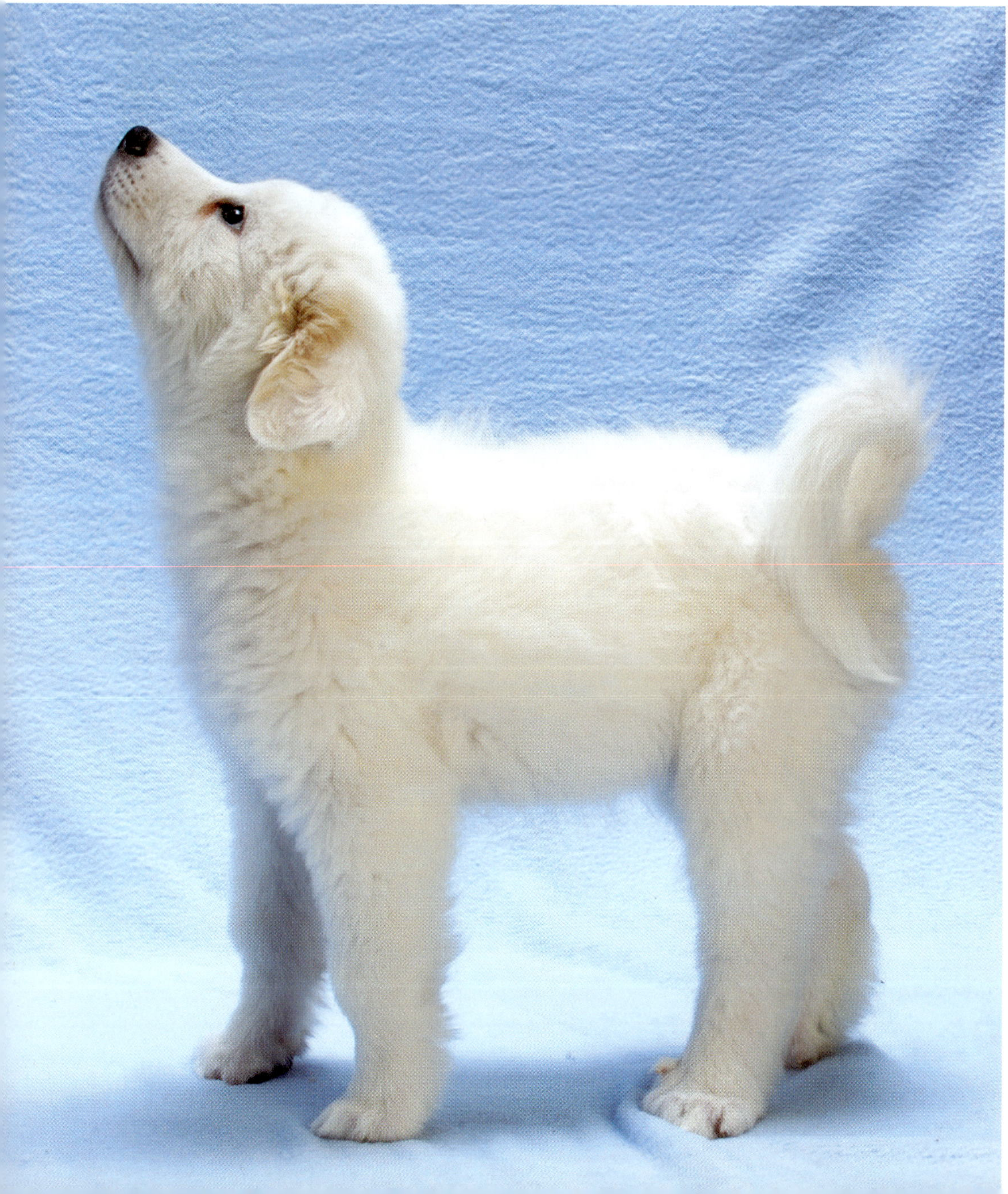

참을성 있고 온순하며 존재감 넘치는 개

고대 티벳의 마스티프를 토대로 탄생된 견종으로, 기원전 100년경 로마인에 의해 스페인에 온 후 프랑스에서 스페인 국경에 걸친 피레네 산맥에서 가축을 지키는 호양견으로 활약했다. 존재감이 실로 대형견다운 대형견이다.

성격은 매우 온순하고 참을성이 강하며 자신감이 넘친다. 위기 시에는 주인이나 재산을 지키기 위해서 용맹하게 행동할 것이다. 상황판단이 뛰어나 무조건 행동에 돌입하지 않고, 한걸음 물러나 냉정하게 판단 내릴 줄 아는 견종이다.

큰 몸을 건강하게 유지하기 위해서는 무거운 체중을 지탱할 수 있는 강한 다리와 허리를 키워야 한다. 하지만 관절질환이 많이 발생하므로 지나치게 격렬한 운동은 시

키지 않는 것이 좋다. 매일 운동에는 달리게 하는 것보다 충분한 시간을 들여 근육과 뼈를 단련시키도록 한다. 주인도 함께 운동하면 애견과 함께 건강이 유지될 것이다.

긴 오버코트 아래로 부드러운 언더코트가 수북한 새하얀 더블코트를 가져 추위에 강한 대신 더위에 약하므로 여름철 온도관리에 신경 써야 한다.

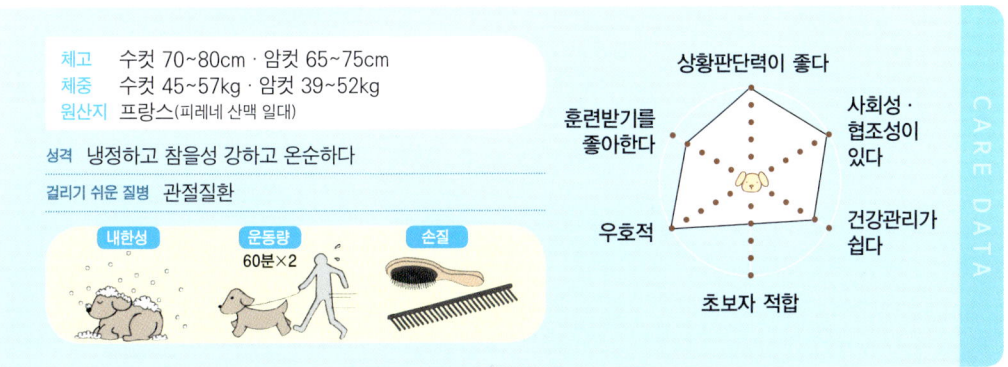

비숑 프리제
Bichon Frise

견종번호 215 · 소형견 · 그룹 9

보기만 해도 즐거운, 솜사탕처럼 새하얀 개

왕후나 귀족이 안던 개

가늘고 푹신푹신한 순백의 털로 감싸여 마치 봉제인형처럼 귀여운 비숑 프리제는 한때 유럽 귀부인들 사이에서 초상화에 함께 그려 넣는 것이 유행했을 정도로 사랑받았다. 환자가 난방기구 대신 끌어안고 지냈을 만큼 안기는 것을 싫어하지 않는 견종이다.

안기는 개이기는 하지만 약하지는 않다. 포근한 털 밑에 숨겨진 근육질의 몸은 매우 단단하고 튼튼하며 명랑 활발하고 감수성도 풍부하다.

운동량이 많이 필요하지 않고, 털빠짐이 적으며 체취도 심하지 않아서 실내견으로 최적이다. 주인을 제일 소중하게 여기므로 마음을 치유해주는 좋은 상대가 되어줄 것이다.

대서양의 카나리아 제도에 서식하던 옛 토착견의 후손으로 추정되는 비숑 프리제는 프랑스어로 '곱슬털로 장식하다'는 뜻이다. 이름대로 언더코트는 조밀하면서도 부드럽고, 그것을 덮는 윗털은 부드럽고 곱슬거리며, 긴 털로 덮인 꼬리도 풍성하여 날개털의 장식처럼 흔들리는 모습이 매우 기품이 넘친다.

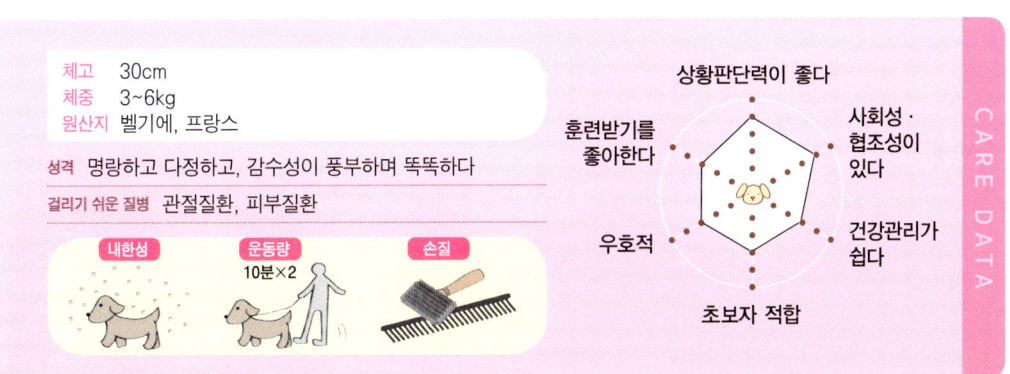

시베리안 허스키
Siberian Husky

견종번호 270
대형견 그룹 5

유행이 지난 뒤에야 진정한 인기가 도래

매우 쾌활하고 낙천적인 개

한국에서 한때 유행이었던 시베리안 허스키는 전형적인 유행견으로, 유행이 지나자 버림받는 등의 심한 처지에 놓였던 견종 중 하나다. 그 모습은 순식간에 자취를 감췄다가 최근 들어 인기가 회복되면서 등록 견수가 조금씩 늘고 있는 추세이다. 밤중의 헛울음이나 방랑 등 트러블이 보이지 않도록 교육시켰다면 그 반려인은 허스키의 팬이 확실하다.

늑대처럼 보이는 외모 때문에 가까이 하기 어려운 인상이지만 성격은 지극히 명랑하고 낙천적이다. 마음을 허락한 사람에게는 매우 순종적이지만, 낙천적인 성격 때문인지 훈련할 때는 애를 먹는다. '미아가 되면 집에 찾아오지 못할 만큼 머리가 나쁘

다'는 말도 있을 정도인데, 실은 고생해서 집에 돌아오지 않아도 살기 편한 곳을 발견하면 '여기도 꽤 괜찮은데?'라는 생각으로 정착하는 것이니, 이것도 낙천적인 성격의 증거일 것이다.

사모예드나 알래스칸 말라뮤트 등과는 친척관계이며, 1909년의 개썰매대회에서 좋은 성적을 거두면서 널리 알려졌다.

복서

견종번호 144
대형견 | 그룹 2

German Boxer

매우 영리하고 맹렬한 파워를 가진 투견

키우는 방법에 따라 어떤 개라도 될 수 있다

주인과 절대적인 신뢰관계를 맺는다면 매우 순종적이고 온순한 반려견이 되지만, 주인이 미덥지 못하거나 주인으로 인정받지 못하는 경우, 고집스럽고 성격만 강한 공격적인 개가 될 것이다. 바꿔 말하면 그만큼 상황판단이 가능하고 매우 똑똑한 견종이다.

조상은 벨기에 브라방 지방의 토착 수렵견이고, 투우를 목적으로 마스티프와 불독, 테리어 등을 교배해 만들어낸 견종이다. 투우가 금지된 이후에는 목양견이나 군용견, 경찰견 등 만능일꾼으로 활약하고 있다.

훈련여하에 따라 번견 역할도 가능하지만, 섬세하고 예민한 면이 있으니 야단을 칠 때는 무조건 소리 지르거나 화내기보다 잘 타이르듯이 조용조용 말하는 것이 좋다.

CARE DATA

체고 수컷 57~63cm · 암컷 53~59cm
체중 수컷 30kg 이상 · 암컷 약 25kg
원산지 독일

성격 영리하고 복종하지만 매우 예민
걸리기 쉬운 질병 고관절형성부전, 각막염, 추간판헤르니아, 위염전

내한성 / 운동량 60분×2 / 손질

상황판단력이 좋다
훈련받기를 좋아한다
사회성·협조성이 있다
우호적
건강관리가 쉽다
초보자 적합

보르조이
Borzoi

견종번호 193
대형견 | 그룹 10

보르조이는 러시아어로 '민첩함'을 의미

늑대를 추적하는 귀족의 보물

기품 있어 보이고 무표정해서 다가가기 어려운 분위기지만, 주인에게는 결코 거만한 태도를 보이지 않는 상당한 응석받이에 순종적인 견종이다. 하지만 낯선 사람에게는 경계심을 품으며, 경우에 따라서는 공격하는 일도 있으니 주인이 확실하게 컨트롤할 수 있어야 한다. 새끼 때부터 사람들에게 익숙하게 해서 주위에 신경 쓰지 않는 성격으로 키우는 것이 바람직하다.

14~15세기경부터 러시아의 귀족들이 토끼나 여우, 늑대 등을 추적하는 사냥개로 키우며 소중하게 여겼다. 옛날에는 '러시안 울프하운드'라고 불리다가 1936년에 러시아어로 '민첩함'을 뜻하는 보르조이라는 이름으로 바뀌었다.

많은 운동량이 필요하므로 1시간씩 구보를 겸한 산책을 하는 것이 좋다. 단 위염전을 일으키기 쉬운 견종이므로 식후에 심한 운동은 피하도록 한다.

스코티시 테리어
Scottish Terrier

견종번호 73
소형견 그룹 3

검고 세련된 외모만큼이나 자존심이 강한 고집쟁이

훈련은 끈기가 필요하다

걷는 모습이 애교스럽고 귀엽지만 실제로는 상당히 자존심이 강한 견종이다. 냉정하게 상황판단을 할 줄 알고 영리하지만, 그것이 자신감 과잉으로 이어져 자신의 판단과 맞지 않는 명령은 듣지 않는 고집스러운 면도 있다. 훈련은 상당히 힘들지만, 잘 키우면 주인에게 충성을 맹세하는 멋진 파트너가 될 것이다. 미국의 부시 전대통령도 키우던 견종인데, 어쩌면 이 강한 성격 때문에 고생했을지도 모른다.

스코티시 테리어는 한때 댄디 디몬트 테리어나 요크셔테리어와 같은 종으로 여겨지다가 1879년 에버딘 테리어라는 이름으로 처음 도그쇼에 등장한 이후 스코티시 테리어로 개명되었다.

CARE DATA

체고 25.4~28cm
체중 8.6~10.4kg
원산지 영국(스코틀랜드)

성격 영리하고 냉정한 고집쟁이
걸리기 쉬운 질병 스코티경련, 알레르기

내한성 / 운동량 30분×2 / 손질

상황판단력이 좋다
사회성·협조성이 있다
건강관리가 쉽다
초보자 적합
우호적
훈련받기를 좋아한다

바셋 하운드
Basset Hound

견종번호 163
중형견 | 그룹 6

주름지고 늘어진 피부가 몸을 보호하는 수렵견

느긋한 성격에 마이페이스

바셋 하운드는 언제나 느긋하고 침착하며 마이페이스이지만, 의외로 관찰력과 상황판단 능력이 뛰어나고 영리한 개다.

약 100년 전, 블러드 하운드와 엘트와 바셋이라는 개를 교배해 수렵견으로 탄생시켰다. 바셋은 프랑스어로 '키가 작다'는 뜻이다. 높이가 낮은 초목 사이를 달리는 데 최적의 키이며, 주름진 피부는 튀어나온 가지로부터 몸을 보호하는 커버 역할을 한다.

수렵견 중에는 드물게 돌아다니는 것을 좋아하지 않고 가능한 몸을 움직이지 않으려 한다. 그로 인해 비만이 되기 쉬우니 매일 30분가량 아침저녁 2회 정도 산책 시키는 것이 좋다.

취각이 뛰어나 산책 중에도 지나치게 냄새 맡기에 열중하는 경우가 있으니 사고를 당하지 않도록 조심해야 한다.

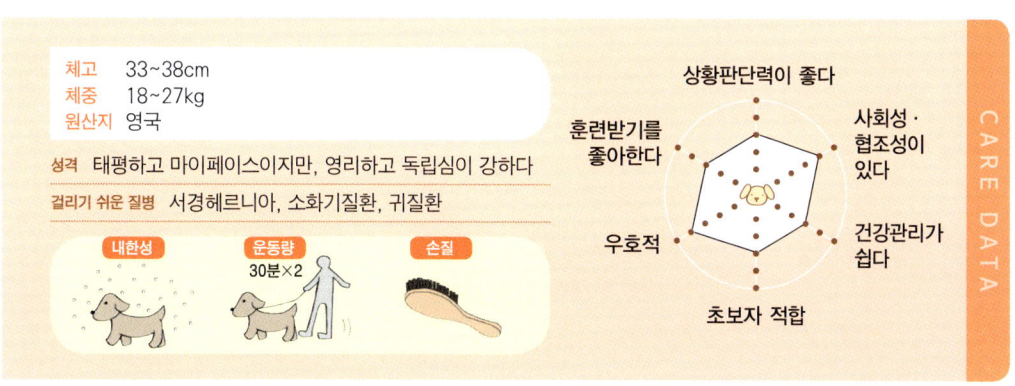

아이리시 레드 세터

견종번호 120
대형견 | 그룹 7

Irish Red Setter

매끄러운 갈색이 아름다운 장난꾸러기 조렵견

성견이 되어도 강아지 같은 성격

매끄러운 털이 아름다운 아이리시 세터는 15세기 무렵 이미 존재하고 있었던 것으로 보인다. 사냥 시 사냥감을 발견하면 엎드린 포즈로 자세를 낮춰 사냥꾼에게 사냥감의 존재를 알리는데, 그 자세를 세트라고 하는 데서 이름이 유래되었다.

성격은 명랑하고 쾌활하며 장난꾸러기이다. 7살이 되도록 유지되는 그 성격을 '이제 그만 진정했으면 좋겠다' 혹은 '키우는 게 즐겁다'라고 생각하는 여부는 전적으로 반려인에게 달려 있다. 영리하고 순종적이지만 주인과 커뮤니케이션이 부족하면 반항적으로 변해 잘 따르지 않는 경우도 있으며 7세가 넘어야 침착해지기 시작한다.

운동량이 많기 때문에 장시간의 산책이 필요하다. 내버려두면 멈출 줄 모르는 성격이므로 확실하게 컨트롤해야 한다.

와이머라너
Weimaraner

견종번호 99
대형견 그룹 7

조상님은 바이마르 지방 귀족의 개

감촉이 뛰어난 모질의 소유자

힘세고 근육질인 와이머라너는 털의 길이에 따라 쇼트헤어와 롱헤어 두 가지 타입이 있다. 쇼트헤어 타입은 윤기 있는 아름다운 단모가 조밀한데 추위에 약하기 때문에 실외 사육은 힘들다. 반대로 더위에는 강해서 여름 햇살에 모질이 그을리기도 하지만 문제는 없다. 성격은 호기심이 왕성하고 온순하고 응석을 잘 부린다. 어리광이 너무 심해서 외로움을 많이 탄다고 표현할 정도이다. 주인과 함께 있는 것을 매우 좋아하고, 커뮤니케이션을 충분히 하지 못하면 신경질적인 개가 되기 쉽다.

독일 바이마르 지방의 수렵견 출신으로 예전에는 귀족들만 사육할 수 있었다. 운동을 매우 좋아하니 마음껏 뛰고 달리면서 놀이를 하듯이 충분히 운동시키는 것이 좋다.

롱헤어
쇼트헤어

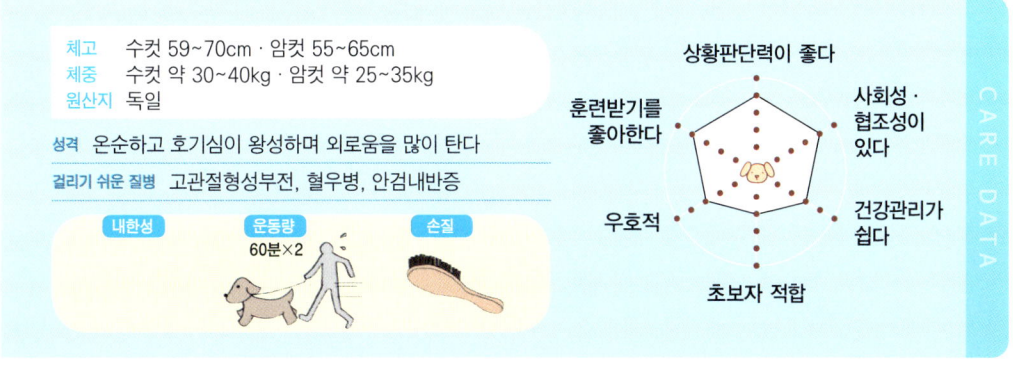

체고 수컷 59~70cm · 암컷 55~65cm
체중 수컷 약 30~40kg · 암컷 약 25~35kg
원산지 독일
성격 온순하고 호기심이 왕성하며 외로움을 많이 탄다
걸리기 쉬운 질병 고관절형성부전, 혈우병, 안검내반증

내한성
운동량 60분×2
손질

상황판단력이 좋다
훈련받기를 좋아한다
사회성·협조성이 있다
우호적
건강관리가 쉽다
초보자 적합

CARE DATA

세인트 버나드
Saint Bernard Dog

견종번호 61 · 대형견 · 그룹 2

구조견으로 유명한 최중량의 스위스 국견

새끼 때부터 충분한 훈련이 필요

대형견의 대표선수로 인지도가 높은 세인트 버나드는 전견종 중에서 가장 체중이 많이 나간다. 성견이 되면 성인남성의 체중에 육박하므로 만만하게 보고 키울 수 있는 견종이 아니다. 또한 새끼 때부터 확실하게 훈련을 시켜 주인이 제대로 컨트롤할 수 있어야만 한다. 성격은 기본적으로 온순하고 어리광쟁이지만, 간혹 신경질적이고 공격적인 개체도 있으니 입양할 때는 혈통을 잘 확인하도록 한다.

체격이 큰 만큼 상당한 운동량이 요구되므로 1회 산책 시 최소 1시간의 당김운동을 하는 것이 좋다.

원래 알프스의 세인트 버나드의 수도원에서 키워 견종명도 수도원의 이름에서 유래되었으며 설산에서 조난자 구조견으로 활약했다.

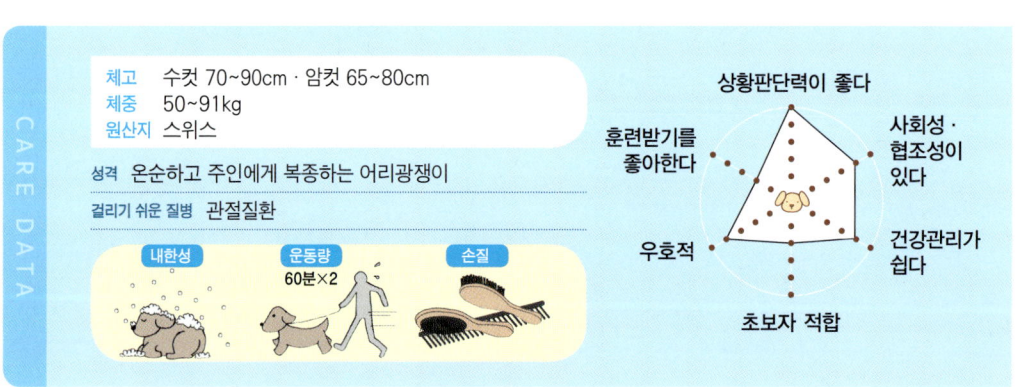

CARE DATA

- 체고: 수컷 70~90cm · 암컷 65~80cm
- 체중: 50~91kg
- 원산지: 스위스
- 성격: 온순하고 주인에게 복종하는 어리광쟁이
- 걸리기 쉬운 질병: 관절질환
- 내한성 / 운동량 60분×2 / 손질

- 상황판단력이 좋다
- 훈련받기를 좋아한다
- 사회성·협조성이 있다
- 우호적
- 건강관리가 쉽다
- 초보자 적합

미니어처 불 테리어
Miniature Bull Terrier

견종번호 11
소형견 | 그룹 3

흥분하면 끝없이 질주한다

개성 넘치는 귀여운 외모

불 테리어 중에서 소형 견종끼리 교배시켜 만들어낸 견종이다. 미니어처라고는 해도 당당한 근육질, O자로 휘어진 단단한 다리, 작은 눈에 윤기 있는 코 등의 외모가 체구를 크게 보이게 해서 실제로 그리 작다는 느낌은 주지 않는다.

원래 쥐를 퇴치하기 위해서 만들어 냈는데, 1918년에 그 모습을 거의 볼 수가 없게 되자 멸종된 것으로 추정되다 1930년에 생존한 적은 개체수를 교배하여 복원시켰다.

기운이 넘치는 체력의 소유자이기 때문에 어지간해서는 지칠 줄을 모른다. 호기심이 왕성하고 무슨 일에든 반응하지만, 한번 흥분하면 손을 댈 수 없을 만큼 몹시 소란스럽다. 어린아이가 있는 가정에서는 사소한 문제들을 일으키기도 하니 충분히 신경 써야 한다.

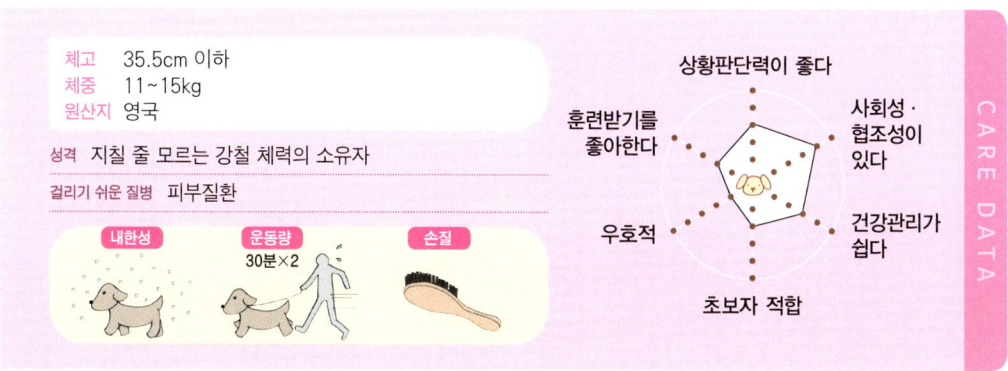

견종번호 235
대형견 그룹 2

그레이트 데인
Great Dane

역사상 체고가 가장 높은 개로 유명

듬직한 독일의 국견

크기로는 개라기보다 말에 가깝지 않을까 싶을 만큼 거대하다. 일어서면 사람의 키를 가볍게 넘는 이 견종은 의외로 실내사육에 적합한 타입이다.

상황판단이 뛰어나고 냉정하며 영리하고 장난도 치지 않는 유순한 성격이다. 문제는 오직 몸의 크기뿐이다. 어리광을 잘 부리고 주인을 몹시 따르며 곁에 붙어 있기 좋아하는 그레이트 데인의 존재감은 개를 좋아하는 사람이라면 한번쯤 경험하고 싶을 만큼 매력적이다.

독일에서는 오래전부터 멧돼지 사냥 등에서 활약했고, 105.4cm의 체고를 가진 개체 덕분에 키가 가장 큰 개라는 세계기록을 보유하고 있다.

그레이트 데인 역시 해외에서는 대부분 단이를 금지하고 있다.

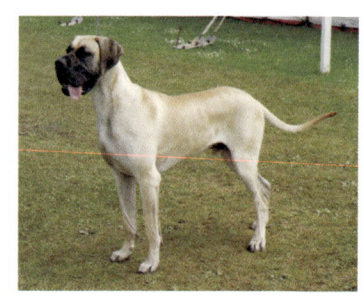

뉴펀들랜드
Newfoundland

견종번호 50
대형견 | 그룹 2

물을 매우 좋아하는, 굵은 털을 가진 해상 구조견

아웃도어를 지향하는 반려인에게 안성맞춤

캐나다의 뉴펀들랜드 섬에서 어부의 일을 돕던 견종인 만큼 물을 매우 좋아한다. 복슬복슬한 털은 뉴펀들랜드의 큰 체구를 더욱 커 보이게 하는데, 더블코트인 언더코트에는 기름기가 많아서 물에 들어갔다 나와 휘리릭 털어내면 순식간에 마른다. 그 장점을 살려 현재 해상구조견으로도 활약하고 있다.

성격은 지극히 온순하고, 주인은 물론 가족이나 어린아이에게도 다정다감하며 우호적이다. 반려견으로 키운다면 바다나 강에서 물놀이를 할 때 즐거운 놀이상대가 되어 줄 것이다.

일일운동량은 확실하게 지켜야 하고, 더위나 습기에 약하니 장마철이나 무더운 여름에는 온도관리에 신경 써야 한다.

체고 수컷 71cm · 암컷 66cm
체중 수컷 약 68kg · 암컷 약 54kg
원산지 캐나다(뉴펀들랜드 섬)
성격 온순하고 다정하며 매우 우호적
걸리기 쉬운 질병 심장질환, 위염전, 안질환, 간질

내한성 | 운동량 60분×2 | 손질

CARE DATA

상황판단력이 좋다
훈련받기를 좋아한다
사회성·협조성이 있다
우호적
건강관리가 쉽다
초보자 적합

잉글리시 스프링거 스패니얼
English Springer Spaniel

견종번호 125
중형견 그룹 8

600년 역사를 가진 가장 오래된 스패니얼

빗질을 하며 피부를 체크한다

잉글리시 스프링거 스패니얼은 600년의 긴 역사를 자랑하는 오래된 스패니얼 중 하나로 잉글리시 코커스패니얼과는 가까운 친척관계이다. 이 뛰어난 조렵견은 긴 역사를 가졌음에도 1901년에야 견종으로 공인되었다.

밝고 명랑하고 활발하며 호기심이 왕성한 성격으로, 주인과 가족을 극진히 사랑하고 지인도 잘 따르는 등 사람을 매우 좋아한다.

추위에는 강하지만 피부가 약하기 때문에 매일 꼼꼼하게 빗질하면서 이상이 없는지 체크하고, 알레르기성이 낮은 음식을 급여해야 한다. 그밖에 안질환이나 관절질환에 걸릴 수 있으니 정기적으로 건강검진을 하는 것이 좋다.

CARE DATA

- 체고 약 51cm
- 체중 22~25kg
- 원산지 영국
- 성격 주인을 매우 좋아하고 영리하며 기억력이 좋다
- 걸리기 쉬운 질병 피부질환, 망막위축, 안질환, 관절질환
- 내한성
- 운동량 30분×2
- 손질

- 상황판단력이 좋다
- 사회성·협조성이 있다
- 건강관리가 쉽다
- 초보자 적합
- 우호적
- 훈련받기를 좋아한다

바센지

Basenji

짖지 않는 것으로 유명한 아프리카의 원시적인 개

불만스러운 표정과 달리 응석꾸러기

바센지는 이마에 주름을 가득 모으고 화가 난 건지 고민을 하는 건지 알 수 없는 표정으로 주인을 올려다보는 모습이 특징이다. 고대 이집트의 유적에서 출토된 미술품 등에 그 모습이 남아 있을 만큼 오랜 역사를 가진 견종으로, 19세기에 영국의 조사단이 아프리카를 방문했을 때 데려오면서 널리 알려졌다.

상당히 마이페이스여서 훈련에는 별 흥미를 보이지 않는다. 주인에게는 어리광부리며 찰싹 달라붙어 있지만, 낯선 사람에게는 강한 경계심을 품고 간혹 공격적일 수 있으니 주의해야 한다. 또 알레르기나 빈혈 등이 발견되기도 하니 정기적으로 건강검진을 하는 것이 좋다.

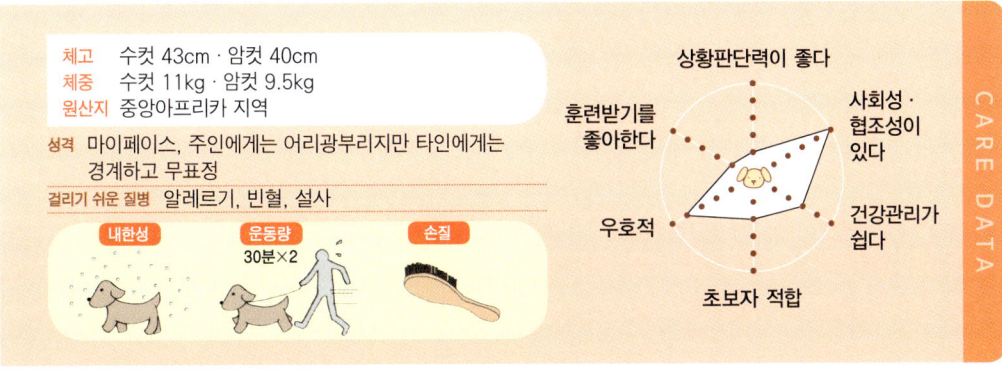

체고   수컷 43cm · 암컷 40cm
체중   수컷 11kg · 암컷 9.5kg
원산지 중앙아프리카 지역
성격   마이페이스, 주인에게는 어리광부리지만 타인에게는 경계하고 무표정
걸리기 쉬운 질병 알레르기, 빈혈, 설사

내한성 / 운동량 30분×2 / 손질

CARE DATA: 상황판단력이 좋다 / 사회성·협조성이 있다 / 건강관리가 쉽다 / 초보자 적합 / 우호적 / 훈련받기를 좋아한다

로트와일러

견종번호 147
대형견 그룹 2
Rottweiler

경찰견과 맹도견으로 대활약하는 무서운 얼굴의 개

용감하고 다정하며 충성스런 개

영화나 드라마에서 사람을 해치는 역할을 단골로 맡을 만큼 근육질의 몸과 블랙 앤 탄의 외모는 무시무시하게 생겼지만, 실제로는 다정하고 조용하며 주인생각이 극진하다.

세계 각국에서 맹도견이나 경찰견, 화재구조견 등으로 활동하고 있을 만큼 영리하고 상황판단이 정확하다. 훈련을 즐기지는 않지만 잘 해내기 때문에 반려견으로도 인기가 있다. 짖는 연기나 주인공의 주위를 천천히 돌며 금방이라도 덮칠 것 같은 연기를 잘 소화해내는 영화 스타로 활약하는 개도 있다.

견종명은 독일의 로트빌 지방에서 캐틀 도그로 탄생한 데서 유래되었다.

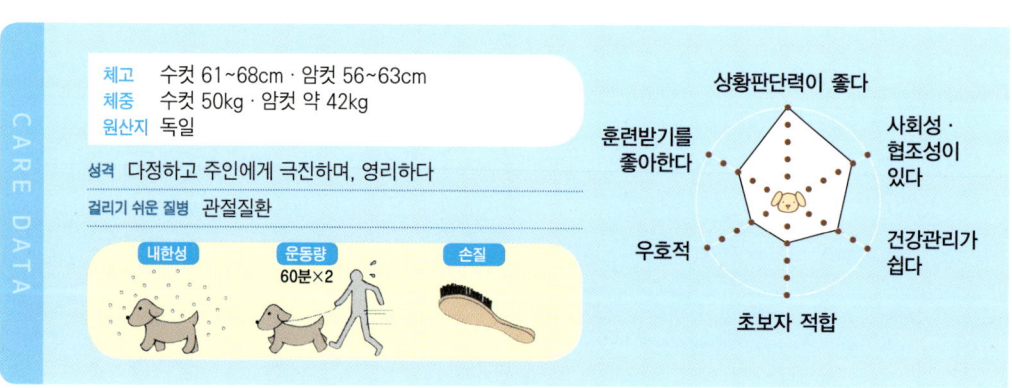

휘핏
Whippet

견종번호 162
중형견 | 그룹 10

깡마른 스타일이 빠른 속도를 상징한다

지칠 줄 모르고 충성심이 가득한 개

이탈리안 그레이하운드와 그레이하운드의 중간 크기인 휘핏은 그 두 견종과 테리어 등을 교배시켜 영국 북부에서 탄생했다. 공격적인 면은 찾아볼 수 없는데다 매우 영리해서 훈련시키기 쉬운 견종으로 충성심이 강해서 항상 주인의 발밑에 있으려 한다.

흥분상태가 되면 맹목적이 되는 단점이 있으니 너무 흥분시키지 않으면서 놀이를 즐기는 것이 바람직하다. 중형견이지만 도그레이스에 출장했던 만큼 많은 운동량이 필요하므로, 산책과 구보를 포함하여 매일 충분한 운동을 시켜야 한다.

휘핏이라는 견종명은 달리는 모습이 채찍^{whip}처럼 매끈한 데서 유래되었다.

아프간하운드
Afghan Hound

견종번호 228
대형견 그룹 10

반짝거리는 장발을 바람에 나부끼는 모습이 아름다운 개

기품 있는 자태 그대로의 성격

서 있는 것만으로도 그림이 되고, 롱 헤어를 나부끼며 걷는 모습은 우아하며 기품이 넘친다. 그 모습만큼이나 성격 또한 품위가 있어 무슨 일에든 무관심한 척하며, 자신의 페이스가 흐트러지는 것을 싫어한다. 그렇다고 내버려두면 침울해지는 등 상당히 까다로운 견종이라고 할 수 있다. 그런 성격은 일찌감치 겉으로 드러나서 새끼 때부터 마이페이스를 보인다. 너무 심하게 놀아주기보다 조용한 실내에 함께 있는 것만으로도 만족하는 반려인에게 적합한 견종이다.

고대 이집트의 유적에서 아프간하운드와 비슷하게 생긴 개의 공예품이 발견되었고, 원산지 아프가니스탄에서는 토끼사냥 등의 수렵견으로 활약했다.

아키타견
Akita

견종번호 255
대형견 그룹 5

일본을 대표하는 당당한 대형견

반려인에게 충실한 반려견

곰사냥 등에서 주인과 함께 행동하던 아키타 지역의 사냥개가 아키타견의 조상이다. 새끼 때부터 성격이 침착하고 감정을 잘 드러내지 않는 포커페이스지만, 실제로는 매우 다정하고 주인에게는 더할 나위 없이 충성스럽다.

운동량이 많은 대형견이기 때문에 매일 자전거 등을 이용해 구보운동을 포함한 산책을 충분히 시켜야 하며 운동부족은 스트레스를 축적시켜 자칫 공격성 있는 성격으로 만들 수 있다. 매일 커뮤니케이션을 하며 애정을 쏟아 키운다면 그에 부응하는 멋진 반려견이 될 것이다.

아키타는 해외에서도 일본을 대표하는 대형견으로 인기가 있지만, 순수 아키타와 그레이트 재패니즈 도그라고 불리는 미국의 아키타는 별개의 견종으로 구분된다. 1931년에 일본의 천연기념물로 지정되었다.

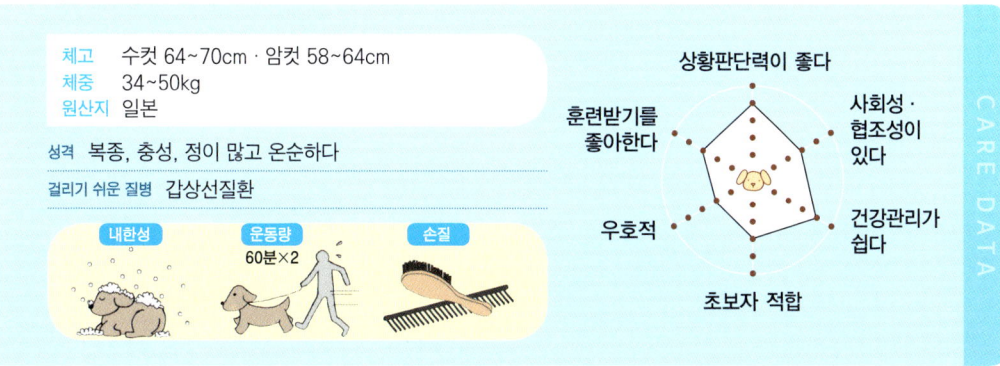

체고: 수컷 64~70cm · 암컷 58~64cm
체중: 34~50kg
원산지: 일본
성격: 복종, 충성, 정이 많고 온순하다
걸리기 쉬운 질병: 갑상선질환

내한성 / 운동량 60분×2 / 손질

CARE DATA

상황판단력이 좋다
사회성·협조성이 있다
건강관리가 쉽다
초보자 적합
우호적
훈련받기를 좋아한다

차이니스 크레스티드 도그
Chinese Crested Dog

견종번호 288
소형견 | 그룹 9

털이 있든 없든 동일견종인 신기한 개

겁이 많고 자존심이 강하며 마이페이스

이 개의 생긴 모습을 보면 누구나 신기하게 생각할 것이다. 머리와 네 다리와 꼬리 끝에만 털이 있고 다른 부분에는 털이 없기 때문인데, 이것은 트리밍 스타일이 아닌 본연의 모습이다. 원산지 중국에서는 13세기경부터 기록이 있으며 뿌리는 멕시코나 미국의 털이 없는 타입의 개로 추정된다.

겁이 많은 편이어서 낯선 사람을 무서워하면서도 심하게 짖어대거나, 집안으로 쏙 들어가 걱정하고 두려워하는 녀석도 있다. 자존심이 강해서 심하게 혼내면 공격적으로 변하기도 하는 등 매우 자기중심적인 성격이다.

신기하게도 간혹 온몸에 털이 나 있는 파우더 퍼프라는 타입이 태어나는데, 현재 스탠더드(견종표준)에서는 같은 견종으로 취급한다.

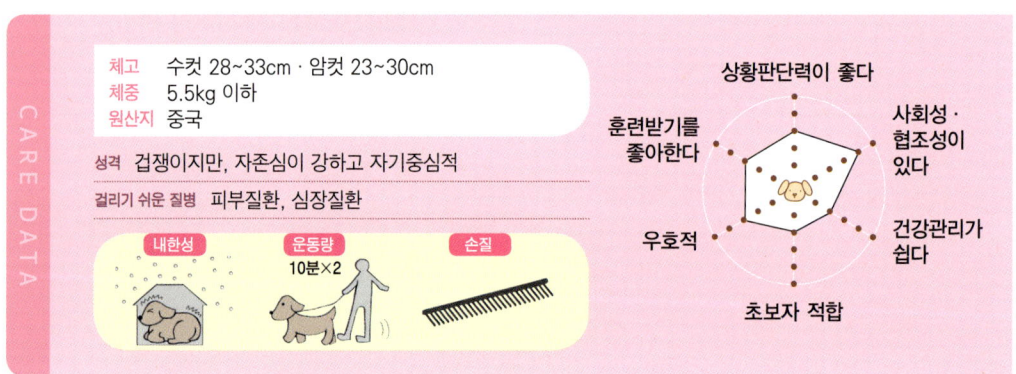

CARE DATA

체고 수컷 28~33cm · 암컷 23~30cm
체중 5.5kg 이하
원산지 중국
성격 겁쟁이지만, 자존심이 강하고 자기중심적
걸리기 쉬운 질병 피부질환, 심장질환

내한성 | 운동량 10분×2 | 손질

상황판단력이 좋다
훈련받기를 좋아한다
사회성·협조성이 있다
우호적
건강관리가 쉽다
초보자 적합

카이
Kai

견종번호 317
중형견 | 그룹 5

야성미 넘치고 충성심이 가득한 중형 일본견

마음을 여는 대상은 반려인뿐

카이견은 옛날 카이국(현재의 야마나시 현)의 산악지대에서 사슴이나 멧돼지, 토끼 등의 사냥 때 다소 짧은 다리를 활용해 암벽 등을 뛰어다니는 수렵견으로 활약했다.

평생 한 주인에게만 충실해서 주인 외에는 마음을 허락하지 않는다. 조상에게서 물려받은 그 성격대로 충성심이 매우 강해서 개를 잘 아는 이들이 좋아하는 견종으로 새끼 때부터 잘 키운다면 좋은 파트너가 될 것이다.

추위에 강해서 실외사육에도 문제가 없는 만큼 한국 풍토에도 적합하고 튼튼하며 우수한 번견으로 활약할 것이다. 1934년 중형 일본견 중에서는 처음으로 천연기념물로 지정되었다.

체고 수컷 47~53cm · 암컷 42~48cm
체중 16~18kg
원산지 일본(야마나시 현 · 남알프스 산맥지대)
성격 주인에게 매우 충성
걸리기 쉬운 질병 알레르기

내한성 | 운동량 30분×2 | 손질

CARE DATA

상황판단력이 좋다
훈련받기를 좋아한다
사회성·협조성이 있다
우호적
건강관리가 쉽다
초보자 적합

노포크 테리어

견종번호 272
소형견 | 그룹 3

Norfolk Terrier

여우나 오소리사냥에서 활약한 작은 테리어

왕성한 호기심

영국 남부 노포크 주가 원산지로, 많은 테리어와 이 지방의 토착견을 교배시켜 19세기 후반에 탄생했다.

주로 여우나 오소리를 잡는 사냥개로 일했던 테리어답게 매우 활동적이고 명랑하며 매사에 즐거운 견종이지만 호기심이 왕성해서 흥미로운 것을 발견하면 그것에만 열중해 주위를 둘러보지 못하기도 한다.

놀이를 겸한 훈련을 좋아하고, 훈련 방법에 따라 흡수력의 차이를 보이는 총명한 면이 있다. 소형견이지만 운동을 놀이의 연장으로 생각해서 가능한 넓고 안전한 공간에서 스스로 노는 방법을 터득시키는 것이 바람직하다. 산책 때도 몇 가지 코스를 준비해 매일 변화를 준다면 좋아할 것이다.

웰시 코기 카디건
Welsh Corgi Cardigan

견종번호 38
소형견 | 그룹 1

활발하지만 평화주의자인 긴 꼬리의 코기

팸브룩보다 더 오래된 견종

거의 비슷해 보이는 팸브룩과 카디건의 차이점은 긴 꼬리와 색깔인데, 카디건이 팸브룩보다 역사가 더 길다. 웰시 코기 카디건은 기원전 1200년경 켈트인과 함께 영국의 웨일즈 지방에 온 것으로 보인다.

활발하고 상당히 장난을 좋아하는 평화주의자로 명랑하고 쾌활하며 호기심이 왕성해서 뭔가에 열중해 흥분하면 주인조차 완전히 무시할 정도지만 내버려두면 곧 냉정을 되찾을 줄 안다.

카디건은 놀이를 통한 운동으로 비만이 되지 않도록 신경 써야 한다. 성격이 활발한 만큼 운동을 매우 좋아하는데 멀리 가기보다 혼자 놀이를 발견하고는 열중하는 식이므로 안전한 넓은 장소가 있다면 안성맞춤일 것이다.

CARE DATA

체고 30cm
체중 11~17kg
원산지 영국

성격 쾌활하고 호기심 왕성

걸리기 쉬운 질병 망막박리, 녹내장, 요로결석

내한성 | 운동량 30분×2 | 손질

상황판단력이 좋다
훈련받기를 좋아한다
사회성·협조성이 있다
우호적
건강관리가 쉽다
초보자 적합

견종번호	269
대형견	그룹 10

살루키
Saluki

현존하는 견종 중에서 가장 오래된 개

경계심이 강하지만 응석쟁이

기원전 7000년경까지 거슬러 올라갈 수 있을 만큼 전견종 중 가장 오래된 역사를 가졌다. 사막의 유목민이 야생토끼나 가젤, 타조 등을 사냥할 때 이용했다.

낯선 사람에게는 무관심하고 경계심을 보여서 다가가기 어렵지만, 주인에게는 다정하고 응석부리기 좋아하며, 항상 가족과 함께 있는 것을 기쁘게 여긴다. 감수성이 풍부해서 오랫동안 혼자 두면 신경질적인 성격이 된다.

사냥개의 피가 끓어서인지 운동을 매우 좋아하므로 전력질주할 수 있는 안전한 공터가 있다면 그곳에서 뛰어놀게 하는 것이 가장 바람직하다. 골절 등의 트러블이 생길 수 있으니 미끄러지기 쉬운 바닥은 조심해야 한다.

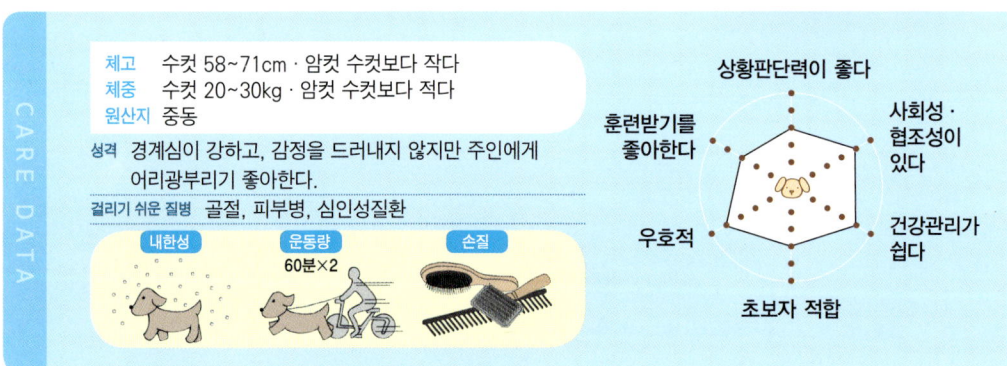

CARE DATA

체고 수컷 58~71cm · 암컷 수컷보다 작다
체중 수컷 20~30kg · 암컷 수컷보다 적다
원산지 중동
성격 경계심이 강하고, 감정을 드러내지 않지만 주인에게 어리광부리기 좋아한다.
걸리기 쉬운 질병 골절, 피부병, 심인성질환

내한성 / 운동량 60분×2 / 손질

상황판단력이 좋다
훈련받기를 좋아한다
사회성·협조성이 있다
우호적
건강관리가 쉽다
초보자 적합

에어데일 테리어
Airedale Terrier

자존심도 강하고 능력도 뛰어난 대형 테리어

칭찬의 말을 기다린다

에어데일 테리어는 명랑하고 활발하며 주인을 잘 따르고 충성스럽지만, 자존심이 강해서 심하게 야단치면 주인의 말도 듣지 않고 반항적으로 변한다. 따라서 실수를 야단치기보다 작은 성공을 충분히 칭찬해 주면서 훈련을 반복하면 우수한 반려견으로 자랄 견종이니 사육 포인트는 무조건적인 칭찬이다.

1850년대에 오타하운드나 이미 멸종된 블랙 앤 탄 테리어 등을 교배하여 탄생시켰다. 견종명은 에어계곡(데일)의 개가 조상인 데서 유래되었으며 영리해서 군용견으로도 활약하고 있다. 대형 테리어인 만큼 많은 운동량이 요구되므로 자전거를 이용한 구보 등의 운동으로 에너지를 발산시키는 것이 좋다.

올드 잉글리시 십독
Old English Sheepdog

견종번호 16 | 대형견 | 그룹 1

털투성이의 장난꾸러기 목양견

다가갈 때는 조심

얼굴이 가려질 만큼 긴 털이 특징인 목양견이다. 하지만 이 털 때문에 표정을 읽기 어려우므로 다가갈 때는 먼저 말을 걸면서 기분을 살피는 것이 좋다. 반려가족 외에는 특히 더욱 주의해야 한다.

매우 활발하고 장난을 좋아하는 개구쟁이며, 대형견치고는 침착성이 없는 편이다. 피모 사이로 보이는 눈은 항상 뭔가를 기대하는 듯 반짝반짝 빛난다. 옛날에는 목양견 일 외에도 스코틀랜드의 고지대에서 런던까지 가축을 유도하는 일을 맡아 긴 여행을 했다.

운동을 매우 좋아하는데, 본인은 놀이를 즐기는 마음이겠지만 상당히 끈질기고 공격적이 될 소지가 다분하다. 매일 장시간의 산책을 거르지 않는 것이 좋지만, 더위에 약하므로 한여름의 외출에는 주의하도록 한다.

CARE DATA

체고　수컷 61cm · 암컷 58cm
체중　30kg
원산지　영국

성격　성격이 급하고 제멋대로인 고집쟁이
걸리기 쉬운 질병　피부병, 외이염, 관절질환

내한성 | 운동량 60분×2 | 손질

상황판단력이 좋다 / 사회성·협조성이 있다 / 건강관리가 쉽다 / 초보자 적합 / 우호적 / 훈련받기를 좋아한다

오스트레일리안 셰퍼드
Australian Shepherd

견종번호 342
대형견 | 그룹 1

오스트레일리아의 풍토에 맞는 피를 물려받은 목양견

훈련을 좋아하는 충견

견종명에 오스트레일리아가 붙었지만 원산지는 미국이다. 19세기에 미국으로 이주해온 개척자가 데려온 목양견을 베이스로 콜리와 오스트레일리아의 토착견 딩고를 교배해 탄생시켰다. 실제로 오스트레일리아에서도 목양견으로 활약하고 있는데, 상황 판단력과 운동신경이 뛰어난 견종이다. 반려견으로도 우수해서 주인에게 매우 충성스럽고 명랑 쾌활해서 훈련을 즐겁게 받아들인다. 많은 운동량이 필요하지만 놀면서 훈련을 시킨다면 쉽게 익힐 수 있으니 멋진 반려견이 될 것이다.

간혹 고관절형성부전이나 안질환이 눈에 띄지만 건강한 녀석을 입양한다면 초보자도 키우기 쉬운 견종이다.

체고　수컷 51~58cm · 암컷 46~53cm
체중　16~32kg
원산지　미국
성격　쾌활하고 다정하고 주인에게 충성
걸리기 쉬운 질병　고관절형성부전, 안질환

내한성 | 운동량 60분×2 | 손질

CARE DATA

상황판단력이 좋다
훈련받기를 좋아한다
사회성·협조성이 있다
우호적
건강관리가 쉽다
초보자 적합

쁘띠 바셋 그리펀 벤딘

견종번호 67 / 소형견 / 그룹 6

Petit Basset Griffon Vendeen

그랑 바셋 그리펀 벤딘의 축소판

작고 짧은 다리의 거친 털을 가진 개

털투성이의 귀염성 있는 표정의 쁘띠 바셋 그리펀 벤딘은 '쁘띠 바셋'이라는 애칭으로 친숙하다. 독립심이 강해서 문제가 발생해도 스스로 해결할 수 있을 만큼 영리하며 가족을 사랑하고 매우 다정한 성격이다.

견종명은 프랑스어로 '작고 다리가 짧고 거친 털을 가진 개'라는 뜻으로, 프랑스의 벤딘 지방에 있던 대형견 그랑 바셋 그리펀 벤딘을 소형으로 개량한 것이다. 귀가 늘어져 있어 외이염에 걸리거나 털이 눈에 들어가 안질환에 걸리기 쉽다. 또 추간판헤르니아에 걸리기 쉬운 단족동장의 체형이므로 점프 등의 심한 운동은 피해야 한다.

CARE DATA

체고 33~39cm
체중 11~16kg
원산지 프랑스

성격 독립심이 강하고 반려가족을 매우 좋아한다
걸리기 쉬운 질병 외이염, 피부병, 안질환

내한성 / 운동량 30분×2 / 손질

상황판단력이 좋다 / 사회성·협조성이 있다 / 건강관리가 쉽다 / 초보자 적합 / 우호적 / 훈련받기를 좋아한다

브뤼셀 그리펀

Brussels Griffon

견종번호 80
소형견 | 그룹 9

벨기에 왕실에서 사랑받던 품격 있는 개

표정은 귀엽지만 자존심은 강하다

브뤼셀 그리펀은 벨기에의 토착견과 아펜 핀셔를 교배시켜 탄생한 견종으로 벨기에 왕실에서도 사랑받았다. 그래서인지 그 귀여운 얼굴에서는 왠지 기품과 품격이 느껴진다.

성격은 명랑활발하고 다정하며 공격적인 면이 없다. 헛울음은 없지만 자존심이 강해서 자기 뜻과 어긋나는 명령은 무시하기도 한다.

코가 눌린 탓에 호흡기 계통의 트러블이 발견되기도 하고, 열교환이 원활하지 않아 더위에 약하다. 또 구개열이 발생할 수 있으니 주의를 기울여야 한다.

운동은 실내의 놀이로 충분하지만 기분전환 삼아 매일 10분 정도 아침저녁으로 산책을 시키는 것이 적당하다.

체고 18~20cm
체중 3.5~6kg
원산지 벨기에

성격 명랑활발, 온순하지만 자존심이 세다
걸리기 쉬운 질병 호흡기질환, 구개열

내한성 | 운동량 10분×2 | 손질

CARE DATA

상황판단력이 좋다
훈련받기를 좋아한다
사회성·협조성이 있다
우호적
건강관리가 쉽다
초보자 적합

사모예드
Samoyed

견종번호 212
중형견 | 그룹 5

시베리아 지방의 사모예드족이 데리고 다니던 스피츠

장난을 좋아하는 새하얀 개

고향 시베리아에서 썰매도 끌고 순록을 사냥하는 등의 사역견으로 활약했으며, 일본 스피츠의 뿌리이기도 한 견종이다. 시베리아 혹한의 환경을 견뎌냈을 만큼 두터운 순백의 털은 세심한 빗질과 정기적인 샴푸로 유지해야 한다.

성격은 매우 쾌활하고 어리광이 심하며, 장난을 좋아하고 강아지처럼 즐거워 보이는 견종이다. 항상 주인 곁에 있고 싶어 할 만큼 외로움을 심하게 타기 때문에 매일 집을 비우는 가정에는 맞지 않다.

추위에는 강하지만 더위에는 약하므로 한여름의 산책은 서늘한 시간대에 하도록 한다. 또 관절질환에 걸리기 쉬우니 매일 아침저녁으로 30분 정도의 당김운동을 통해 다리와 허리를 단련시키면서 건강을 유지하는 것이 좋다.

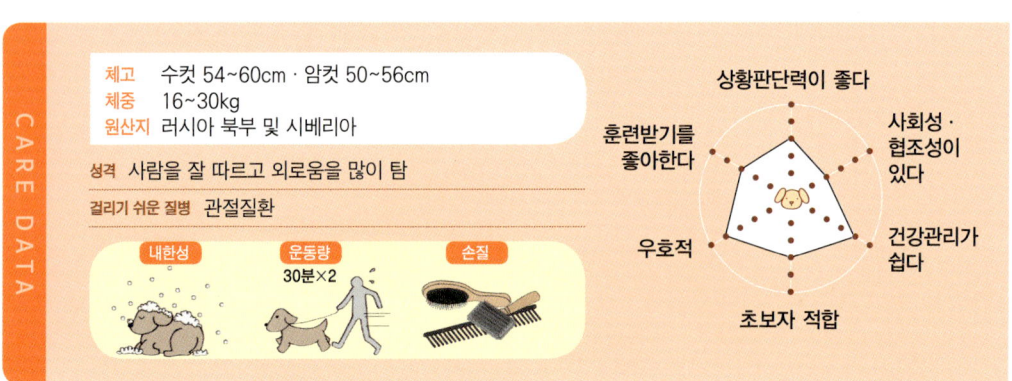

CARE DATA

- 체고: 수컷 54~60cm · 암컷 50~56cm
- 체중: 16~30kg
- 원산지: 러시아 북부 및 시베리아
- 성격: 사람을 잘 따르고 외로움을 많이 탐
- 걸리기 쉬운 질병: 관절질환

내한성 | 운동량 30분×2 | 손질

상황판단력이 좋다 · 사회성·협조성이 있다 · 건강관리가 쉽다 · 초보자 적합 · 우호적 · 훈련받기를 좋아한다

156 사모예드

티베탄 스패니얼

Tibetan Spaniel

견종번호 231
소형견 | 그룹 9

티벳에서 사육된 스패니얼

완고하지만 반려인에게는 충성

기원은 확실하지 않지만 얼굴의 생김새로 보아 조상 중에는 시추나 페키니즈와 관련있는 듯하고, 일본 견종 친의 선조가 아닐까 하는 의견도 있다.

표정을 보면 짐작할 수 있듯이 다소 완고하고 마이페이스인 견종이다. 하지만 생활을 공유하는 반려인에게는 매우 충성심이 강하고 극진한 애정으로 대한다. 경계심이 강해서 낯선 사람에게는 짖어대므로, 소형견이지만 훌륭한 번견이 될 것이다.

운동은 매일 실내에서 하는 놀이와 간단한 산책으로 충분하다. 단 코가 눌려 호흡에 의한 열교환이 원활하지 않으니 한여름의 온도관리에 특히 신경 써야 한다.

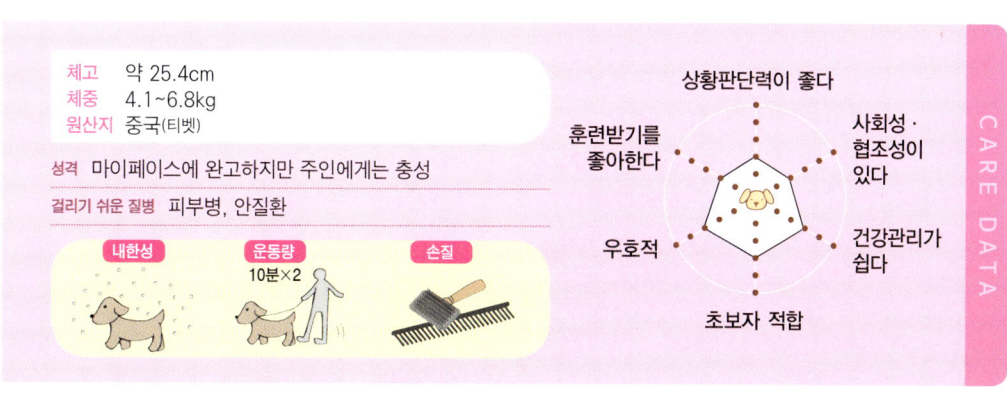

토이 맨체스터 테리어
Toy Manchester Terrier

견종번호 13 | 소형견 | 그룹 3

블랙 앤 탄의 스마트한 테리어

근육질의 몸에 힘이 넘치는 개

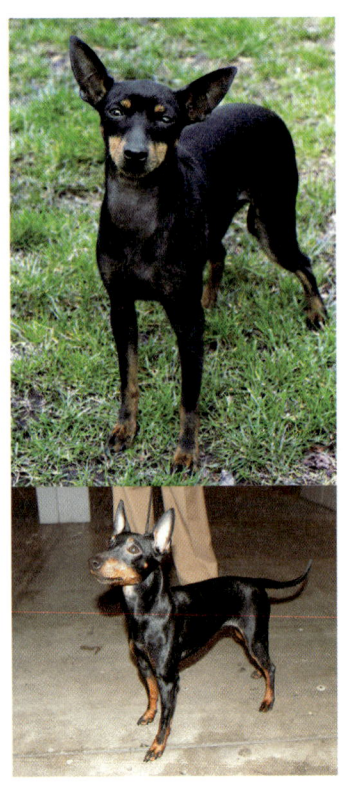

19세기 중반 영국의 맨체스터 테리어를 소형화하여 쥐를 사냥했던 이 견종은 잉글리시 토이 테리어 혹은 블랙 앤 탄 토이 테리어라고 불린다.

근육질의 몸으로 항상 뛰어다니는 활발한 개다. 반려가족에게는 깊은 애정으로 대하는 매우 다정한 성격이지만, 외로움을 잘 타 혼자 있는 환경에서는 신경질적이고 공격적인 면을 보이기도 한다.

소형견이지만 활발하므로 실외운동을 할 수 있는 안전한 공터가 있다면 매일 뛰어놀게 하여 에너지를 발산시키는 것이 이상적이다. 만약 불가능하다면 실내에서라도 충분히 놀아주고 간단하게 산책 시키는 것이 좋다.

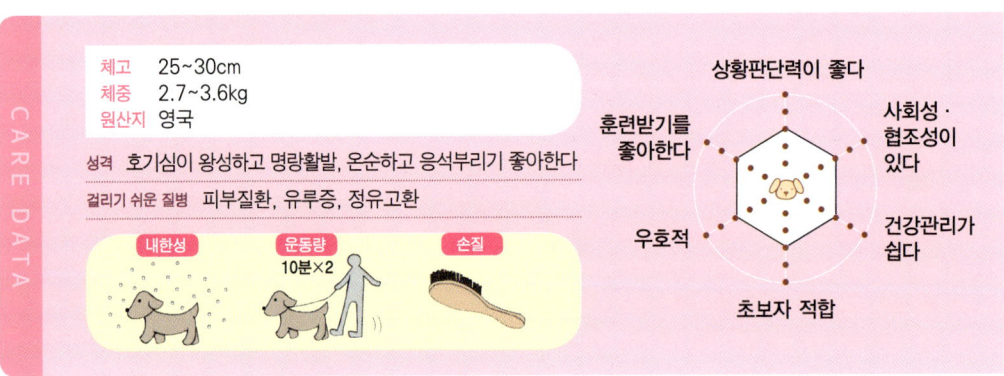

CARE DATA

체고 25~30cm
체중 2.7~3.6kg
원산지 영국

성격 호기심이 왕성하고 명랑활발, 온순하고 응석부리기 좋아한다
걸리기 쉬운 질병 피부질환, 유루증, 정유고환

내한성 / 운동량 10분×2 / 손질

상황판단력이 좋다 / 사회성·협조성이 있다 / 건강관리가 쉽다 / 초보자 적합 / 우호적 / 훈련받기를 좋아한다

재패니즈 테리어

Japanese Terrier

견종번호 259
소형견 | 그룹 3

검은 얼굴의 재패니즈 테리어는 자기중심적

강한 자존심의 응석꾸러기

조상은 18세기 초 일본을 찾은 네덜란드의 선원이 데리고 온 폭스 테리어로 추정되는데, 그 후 다른 테리어와의 교배로 19세기 초 간사이 지방에서 탄생한 것으로 보인다.

언제나 마이페이스여서 기분에 따라 주인에게 심하게 응석부리다가도 만족하면 바로 떨어지는 고양이처럼 자기중심적인 성격이다. 자존심이 강하기 때문에 너무 무시하는 행동을 하면 반항적인 태도를 취할 수도 있다. 표현이 서투르기는 해도 정이 많은 성격이다.

추위에 약하므로 한겨울에는 실내에서도 옷을 입혀 보온을 하거나 난방을 해야 한다. 일일운동량은 실내에서의 놀이와 기분전환 정도의 간단한 산책으로 충분하다.

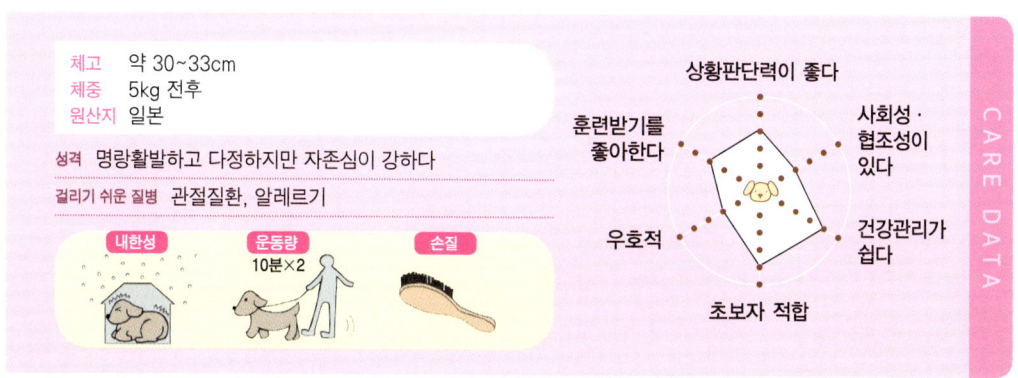

체고   약 30~33cm
체중   5kg 전후
원산지 일본

성격 명랑활발하고 다정하지만 자존심이 강하다
걸리기 쉬운 질병 관절질환, 알레르기

내한성 | 운동량 10분×2 | 손질

상황판단력이 좋다
훈련받기를 좋아한다
사회성·협조성이 있다
우호적
건강관리가 쉽다
초보자 적합

CARE DATA

견종번호 156	
대형견	그룹 1

러프 콜리
Rough Collie

TV드라마 속 명견으로 일약 대스타가 된 개

마음이 따뜻하고 인내심이 강하다

한때 TV드라마 '명견 래시'에 등장해 대인기를 끌었던 만큼 콜리를 아는 사람들은 많을 것이다. 명견이라는 말 그대로 매우 다정하고 반려가족 모두와 금방 친해진다. 인내심이 강해서 아이들에게도 신경 써서 상대해준다.

1860년 스코틀랜드를 방문한 빅토리아 여왕이 마음에 들어해 런던으로 데리고 간 러프 콜리는 당시 상류계급사회에서 인기를 끌며 애완견으로 사랑받았다.

균형이 잘 잡힌 성격이어서 반려견으로 키우기에 적합한 견종이지만 피부질환이나 안질환, 심장질환이 발생하기 쉬운 만큼 정기적인 건강검진으로 관리에 힘쓰도록 한다.

비어디드 콜리
Bearded Collie

견종번호 271
중형견 | 그룹 1

스코틀랜드의 수염 달린 옛 목양견

어리광부리는 장난꾸러기

스코틀랜드에서 목양견 일을 했던 이 견종의 역사는 기원전후 시기까지 거슬러 올라갈 만큼 오래되었다. 목양견 출신으로 상황판단력이 매우 뛰어나며 가족과 함께 있는 것을 가장 큰 기쁨으로 여기는 만큼 애정을 충분히 쏟아준다면 멋진 반려견이 될 것이다.

항상 기운이 넘치는 견종이어서 커다란 체구임에도 마치 강아지처럼 행동한다. 성격도 어린아이 같은 면이 있어 응석부리기 좋아하고 때로는 장난을 치기도 한다.

비어디드란 '수염이 있다'는 뜻의 영어로, 이름대로 얼굴과 입 주변이 긴 털로 덮여 있다. 하지만 차밍포인트인 그 털이 눈병의 원인이 되기도 하니 머리 위로 묶어주는 것이 좋다.

폴리시 롤랜드 쉽독
Polish Lowland Sheepdog

견종번호 251
중형견 그룹 1

비어디드 콜리의 선조 중 하나

날카롭게 상황판단을 할 줄 아는 충견

폴란드의 저지대에서 목양견으로 일했던 폴리시 롤랜드 쉽독은 비어디드 콜리의 축소판 같은 모습이어서 비어디드 콜리의 조상 중 하나로 추정되고 있다. 한때 멸종위기에 처했었지만 애호가의 노력으로 오늘날까지 살아남을 수 있었다.

상황 판단력이 뛰어난 목양견 출신으로 주인에게 순종하고 온순하다. 활발하게 돌아다니는 편은 아니지만, 필요할 때는 민첩하며 문제를 해결하는 능력도 뛰어나다.

긴 털은 더러워지기 쉬우니 매일 빗질을 거르지 않는 것이 좋다. 손질하는 데 힘은 들지만 성격이 좋고 사이즈가 크지 않은데다 추위에도 강하므로 한국의 환경이나 주택사정에도 적절한 반려견이 될 것이다.

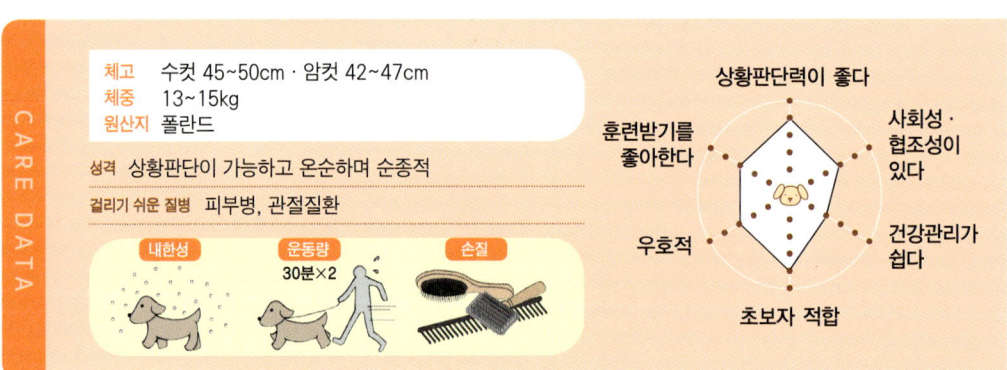

CARE DATA

체고: 수컷 45~50cm · 암컷 42~47cm
체중: 13~15kg
원산지: 폴란드
성격: 상황판단이 가능하고 온순하며 순종적
걸리기 쉬운 질병: 피부병, 관절질환

내한성 / 운동량 30분×2 / 손질

상황판단력이 좋다 / 사회성·협조성이 있다 / 건강관리가 쉽다 / 초보자 적합 / 우호적 / 훈련받기를 좋아한다

댄디 디몬트 테리어
Dandie Dinmont Terrier

견종번호 168
소형견 | 그룹 3

솜모자를 쓴 듯한 얌전한 테리어

가족에게 애정이 깊은 평화주의자

마치 모자를 쓴 듯 복슬복슬한 털이 나 있는 머리에 짧은 다리와 긴 동체를 가진 색다른 풍모의 개이다. 신경질적인 이미지이지만 실제로는 매우 다정하고 온순하며 주인은 물론 가족에게도 정이 깊다. 또 활발하게 뛰어노는 모습은 익살스럽기까지 하다.

댄디 디몬트 테리어는 1700년경 소형 동물을 사냥하기 위해 닥스훈트와 테리어를 교배시켜 만들어냈다. 테리어의 피가 섞여 있어서인지 기질이 거칠지 않고 활발하면서 쾌활한 면이 있다. 동장견종은 등뼈에 병이 생기기 쉬운 체형이므로 점프 등의 심한 운동은 피해야 한다.

체고 20~27cm
체중 8~11kg
원산지 영국
성격 활발하지만 온순하고 복종
걸리기 쉬운 질병 관절질환, 추간판헤르니아, 피부병, 외이염

내한성
운동량 20분×2
손질

상황판단력이 좋다
훈련받기를 좋아한다
사회성·협조성이 있다
우호적
건강관리가 쉽다
초보자 적합

CARE DATA

벨지안 셰퍼드 독 테뷰런
Belgian Shepherd Dog Tervueren

어려운 일도 해내는, 사명감이 강한 개

작은 마을의 이름이 견종명의 유래

매우 영리하고 상황판단력이 뛰어나며 사명감이 강해서 맡은 일을 잘 해낸다. 그래서 세계적으로 경찰견이나 호위견, 간호견, 세라피견, 마약견 등 난이도 있는 다양한 업무에 종사하고 있다. 조상은 중세 유럽에서 목양견으로 활약했던 개이며, 벨기에의 작은 마을 테뷰런이 견종명의 유래가 되었다.

다정하고 애정이 깊은 성격인 만큼 반려견으로 훈련시킨다면 반려가족에게 충성스러운 개가 될 것이 틀림없다.

상당한 운동량이 필요하므로 매일 구보를 포함한 자전거운동을 섞어 스트레스를 발산시키는 것이 좋다. 격렬한 운동을 매우 좋아하지만 고관절형성이상이 발견되므로 건강검진을 통해 상태를 체크한 후 알맞게 운동시킨다.

라사 압소
Lhasa Apso

중국 출신으로 다양한 견종의 조상과 관련

쾌활하지만 경계심 강한 번견

중국에서 수천 년간 역사를 쌓아온 견종으로, 중국이 원산지인 많은 견종의 바탕이 되었다. 행운을 가져다준다는 이 개를 티벳 불교의 총사 달라이 라마가 대대로 중국 황제에게 헌상했다.

쾌활한 성격으로 놀기 좋아하지만, 상당히 고집스러운 면이 있으므로 훈련에는 다소 애를 먹을 수 있다. 또 경계심이 강하므로 이 점을 활용한다면 번견으로서 뛰어난 능력을 보여줄 것이다. 단 식사 때 손을 대는 등 매너 없는 행동을 하면 반려인이라도 공격적으로 행동하기도 한다. 특히 아이가 가까이 있을 때는 주의가 필요하다.

얼굴을 덮는 긴 털 때문에 안검주위질환이나 피부병 등이 생길 수 있으니 눈 주위의 털은 잘라주는 것이 좋다.

볼로네즈
Bolognese

견종번호 196
소형견 | 그룹 9

볼로냐 지방 출신의 복슬복슬한 개

반려견 우등생

이탈리아 볼로냐 지방 출신으로 11세기경부터 유럽에서 상류계급의 사랑을 받았던 견종이다. 새하얀 털은 실크처럼 부드럽고, 성격도 온순해서 인기가 많았다.

어리광이 매우 심해 반려가족 등 마음을 허락한 사람에게는 찰싹 달라붙어 있지만 처음 만난 사람은 다소 경계하고 부끄러워하는 경향이 있다.

실내에서 뛰어노는 것만으로도 충분한 운동이 되며 털 손질은 털이 뭉치지 않는 범위에서 매일 빗질하는 정도면 되니 거의 손이 가지 않아 초보자에게 가장 적합한 반려견 우등생이라고도 한다.

관절질환이 발생하기도 하므로 정기적인 건강검진을 권장한다.

CARE DATA

체고 수컷 27~30cm · 암컷 25~28cm
체중 2.5~4kg
원산지 이탈리아
성격 온순하고 다정하고 어리광쟁이
걸리기 쉬운 질병 관절질환

내한성 / 운동량 10분×2 / 손질

상황판단력이 좋다
사회성·협조성이 있다
건강관리가 쉽다
초보자 적합
우호적
훈련받기를 좋아한다

166 볼로네즈

실리엄 테리어

Sealyham Terrier

물가에서 활동하는 사냥개로 탄생

성격이 강해서 쉽게 싸움을 한다

언뜻 하얀 스코티시 테리어 같지만 전혀 다른 계통의 견종이다. 19세기 말 영국 웨일즈 지방 실리엄의 영주였던 존 에드워드 대령이 물가나 풀숲에서 재빠르게 움직이는 수렵견을 만들어내기 위해 다양한 테리어와 코기를 교배해 만들어낸 것으로 알려져 있다.

수렵견의 피가 진한지 자존심이 세고 성격이 강하다. 무례한 짓을 당하면 공격적으로 돌변하는 싸움꾼 기질이 있지만, 반려가족에게는 순종적이다. 훈련에는 소질이 없어 끈기 있게 반복하는 것이 중요하다.

소형이지만 활발하므로 매일 구보운동을 포함한 산책을 시키는 것이 좋다.

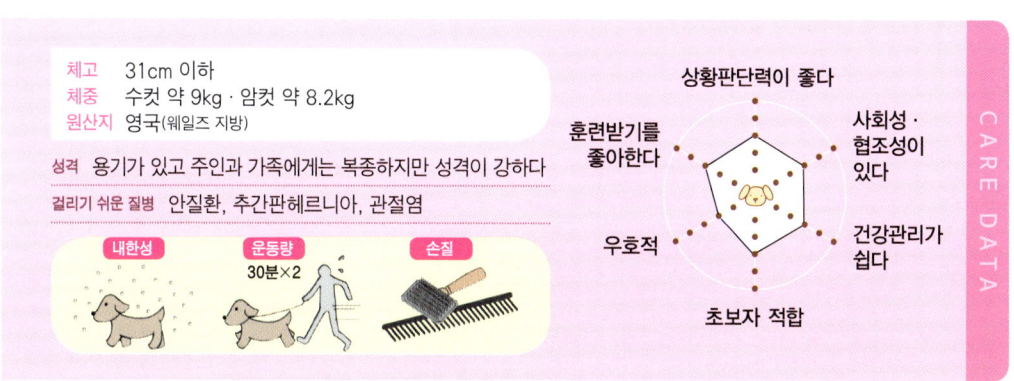

알래스칸 말라뮤트
Alaskan Malamute

견종번호 243
대형견 | 그룹 5

더위에는 약하지만 극한의 땅 알래스카에서는 만능일꾼

조용하고 헌신적이다

외모는 허스키와 비슷하지만 좀 더 침착하고 조용하며 온순하다. 어리광을 부리지는 않지만 주인에게는 헌신적이고 복종하며 가족에게도 깊은 애정을 보인다.

알래스카 북서부에 사는 말라뮤츠 부족이 썰매를 끌거나 사냥에 이용하던 소중한 일꾼으로, 한풍이 몰아치는 알래스카의 혹독한 환경에서 자랐기 때문에 추위에 매우 강한 견종이다.

겨울에는 실외에 있어도 건강하게 활동하지만, 여름은 알래스칸 말라뮤트에게 혹독한 환경이다. 두툼한 언더코트의 털이 빠지면서 여름털이 되지만, 그래도 온도관리를 해서 더위를 이겨낼 수 있도록 도와줘야 한다.

CARE DATA

- 체고 수컷 63.5cm · 암컷 58.5cm
- 체중 수컷 38kg · 암컷 34kg
- 원산지 미국(알래스카 지방)
- 성격 조용하고 온순하고 복종
- 걸리기 쉬운 질병 관절질환

내한성 | 운동량 60분×2 | 손질

웰시 테리어

Welsh Terrier

견종번호 78
소형견 | 그룹 3

웨일즈의 호기심이 왕성한 테리어

체구는 작아도 힘은 장사

작은 에어데일 테리어처럼 생긴 웰시 테리어는 1760년대에 영국의 북웨일즈에서 탄생했다. 여우사냥 시 여우를 굴속에서 쫓아내는 역할을 맡았던 견종이다.

체구가 작은 테리어지만 힘이 매우 세다. 특히 뭔가에 흥미를 느끼면 이성을 잃을 지경이니 여성은 다루기 힘들 것이다. 평소 성격은 호기심이 왕성하고 완고한 면이 있지만 주인에게는 복종하고 명령도 잘 따른다.

근육질이고 튼튼해서 차고 넘치는 파워를 가졌으니 소형견이라도 충분한 운동을 거르지 말아야 한다. 단 관절질환이 흔하게 발견되는 만큼 너무 심하지 않은 운동으로 다리와 허리를 단련시키는 것이 좋다.

체고 39cm 이하
체중 9~9.5kg
원산지 영국
성격 호기심이 왕성하고 주인에게는 복종하지만 경계심이 강하고 완고하다.
걸리기 쉬운 질병 피부질환, 유루증, 정유고환

내한성 | 운동량 30분×2 | 손질

상황판단력이 좋다
훈련받기를 좋아한다
사회성·협조성이 있다
우호적
건강관리가 쉽다
초보자 적합

CARE DATA

아메리칸 스태포드셔 테리어
American Staffordshire Terrier

견종번호 286
중형견 그룹 3

파워풀한 개에게는 파워풀한 주인이!

투쟁심이 넘치는 고집 센 개

먼저 결코 사육 초보자가 키울 만한 개가 아니라는 것을 말해둘 필요가 있다. 미국에서 투견을 목적으로 영국의 스태포드셔 불 테리어를 개량한 매우 힘센 견종이기 때문이다. 투쟁심이 넘치므로 컨트롤하기 위해서는 인내심을 발휘한 훈련과 강한 신뢰관계가 필요하다. 이 개의 파워에 대응하려면 주인도 근육운동을 해서 힘을 길러야 한다.

제대로 훈련시키면 반려가족에게 복종하는 인내심 강한 반려견이 되지만 문제를 일으킬 소지가 상당히 높은 만큼 엄격한 훈련을 통해 컨트롤할 수 있어야 한다.

털빠짐이 많은 편이며 고관절형성부전도 발견된다. 꽤 손이 가는 견종이므로 사육 경험이 풍부한 사람만 키울 수 있다.

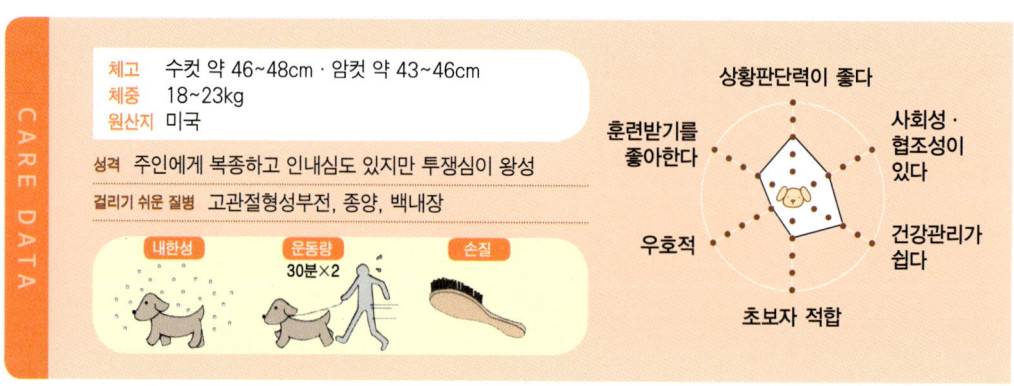

CARE DATA

체고 수컷 약 46~48cm · 암컷 약 43~46cm
체중 18~23kg
원산지 미국

성격 주인에게 복종하고 인내심도 있지만 투쟁심이 왕성
걸리기 쉬운 질병 고관절형성부전, 종양, 백내장

내한성 / 운동량 30분×2 / 손질

상황판단력이 좋다 · 사회성·협조성이 있다 · 건강관리가 쉽다 · 초보자 적합 · 우호적 · 훈련받기를 좋아한다

베들링턴 테리어

Bedlington Terrier

견종번호 9
중형견 | 그룹 3

감수성이 뛰어나고 섬세하며 화려한 테리어

기품이 넘치지만 조급한 성격

화려한 외모는 기품이 넘치지만 신경질적이고 거칠며 조급한 성격이다. 감수성이 풍부하여 마음을 허락한 주인에게는 깊은 애정을 보이지만, 낯선 사람이 거슬리는 짓을 하면 맹렬하게 화를 내며 공격적인 모습을 보이기도 한다.

조상은 탄광노동자들이 밀렵이나 투견으로 이용할 목적으로 키우던 개로 알려져 있는데 거친 성격은 이 견종의 뿌리에서 비롯된 것 같다. 견종명은 영국의 노썸버랜드 주 베드린튼 시 주변의 사람들이 키운 데서 유래되었다.

뛰어난 운동신경을 가져 움직임이 매우 빠르며 운동시킬 때는 자유운동을 포함한 산책이 좋다.

복슬복슬한 털은 정기적으로 트리밍하는 것이 좋은데, 특히 눈 주변의 털이 눈에 들어가지 않도록 신경 쓴다.

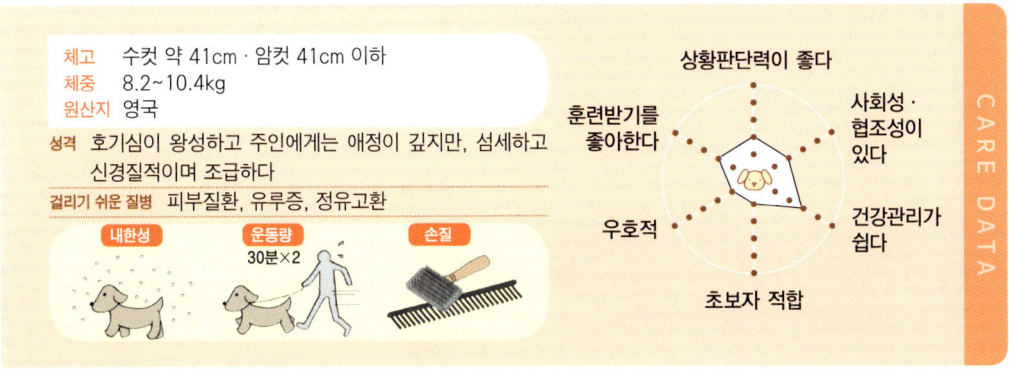

- 체고: 수컷 약 41cm · 암컷 41cm 이하
- 체중: 8.2~10.4kg
- 원산지: 영국
- 성격: 호기심이 왕성하고 주인에게는 애정이 깊지만, 섬세하고 신경질적이며 조급하다
- 걸리기 쉬운 질병: 피부질환, 유루증, 정유고환

내한성 | 운동량 30분×2 | 손질

CARE DATA
- 상황판단력이 좋다
- 훈련받기를 좋아한다
- 사회성·협조성이 있다
- 우호적
- 건강관리가 쉽다
- 초보자 적합

견종번호 145
대형견 그룹 2

레온베르거
Leonbergr

사자를 닮은 개

쾌활하고 호방하며 다정한 대형견

독일 레온베르그 시의 상징인 사자와 비슷하게 생긴 개를 만들 목적으로 19세기 전반, 세인트 버나드와 그레이트 피레네, 랜드시어, 뉴펀들랜드 등을 교배시켜 탄생했다.

상당히 무서운 얼굴의 대형견이지만 명랑하고 느긋한 성격에 다정하고 매우 침착하여 안심하고 아이들의 놀이상대를 맡길 수 있다.

상황 판단력이 뛰어나고, 수상한 소리나 사람에게는 가족을 지키려는 의무감을 발휘하지만 평소에는 커다란 거구를 주체하기 어려운 듯 늘어지게 자고 있다. 많은 운동량이 필요하므로 자전거를 이용해 구보운동을 시키는 것이 좋다. 단 관절질환에 걸릴 수도 있으니 너무 심한 운동은 피하도록 한다.

CARE DATA

체고: 수컷 72~80cm · 암컷 65~75cm
체중: 34~50kg
원산지: 독일
성격: 활달하고 호방하며 다정하고 얌전하다
걸리기 쉬운 질병: 관절질환, 피부병

내한성 / 운동량 60분×2 / 손질

상황판단력이 좋다
훈련받기를 좋아한다
사회성·협조성이 있다
우호적
건강관리가 쉽다
초보자 적합

차우차우
ChowChow

견종번호 205
중형견 | 그룹 5

중국 삼천 년 역사를 걸어온 개

개의 과잉방어에 주의

복슬복슬한 털이 봉제인형 같은 차우차우는 일반적으로 잘 알려진 견종이다. 3000년 전부터 존재했던 원산지 중국에서는 사냥이나 썰매를 끄는 등의 활약을 했는데 식용견으로 이용된 역사도 있다.

마치 새끼 곰처럼 귀엽고 사랑스러운 모습과는 달리 매우 신경질적인 성격이다. 공격적이지는 않지만 경계심이 강하기 때문에 시야 밖에서 갑자기 다가가거나 만지면 과잉반응하여 공격적으로 돌변하기도 한다. 반려가족에게는 신뢰를 가지고 대하고, 기본적으로는 얌전한 성격이다.

새끼 때부터 운동이 부족하거나 식생활에 문제가 있다면 비만이 되거나 고관절트러블 등이 발생할 수 있으니 건강관리에 신경 써야 한다.

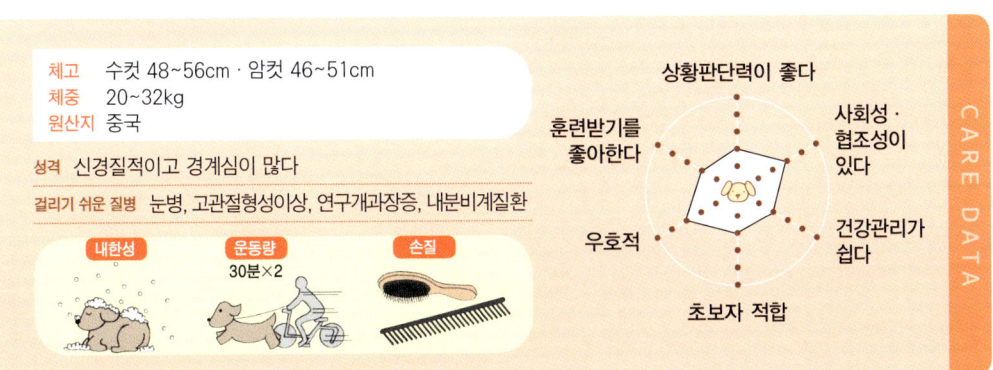

체고: 수컷 48~56cm · 암컷 46~51cm
체중: 20~32kg
원산지: 중국
성격: 신경질적이고 경계심이 많다
걸리기 쉬운 질병: 눈병, 고관절형성이상, 연구개과장증, 내분비계질환

내한성 / 운동량 30분×2 / 손질

CARE DATA
- 상황판단력이 좋다
- 사회성·협조성이 있다
- 건강관리가 쉽다
- 초보자 적합
- 우호적
- 훈련받기를 좋아한다

레이크랜드 테리어
Lakeland Terrier

견종번호 70 · 소형견 · 그룹 3

레이키라는 애칭으로 친숙한 수렵견

명랑활발하고 놀기 좋아한다

레이키라는 애칭으로 친숙한 소형견이지만 자기보다 체구가 큰 개에게도 과감하게 돌진할 정도로 드센 성격이다. 지금은 이미 멸종된 테리어와 베들링턴 테리어를 교배하여 만들어낸 개로, 농장을 어지럽히는 여우로부터 가축을 지키는 역할을 했다.

수렵견인 테리어의 피 덕분인지 승부욕이 강하니 반려견으로 삼을 경우 주종관계를 확실하게 구축해야 한다. 훈련이 제대로 되어 있지 않으면 공격적으로 행동하거나 반항적인 성격이 되기도 한다. 반대로 주종관계가 확실하게 잡힌다면 수렵견 특유의 충성심을 발휘하여 명령에 잘 따를 것이다.

밝고 쾌활하며 놀기를 좋아하므로 일일운동은 자전거운동을 포함하여 놀면서 하게 하는 것이 좋다.

CARE DATA

- **체고** 37cm 이하
- **체중** 수컷 7.7kg · 암컷 6.8kg
- **원산지** 영국
- **성격** 활발하고 놀기 좋아하지만 고집이 세고 대담냉정
- **걸리기 쉬운 질병** 안질환, 피부병

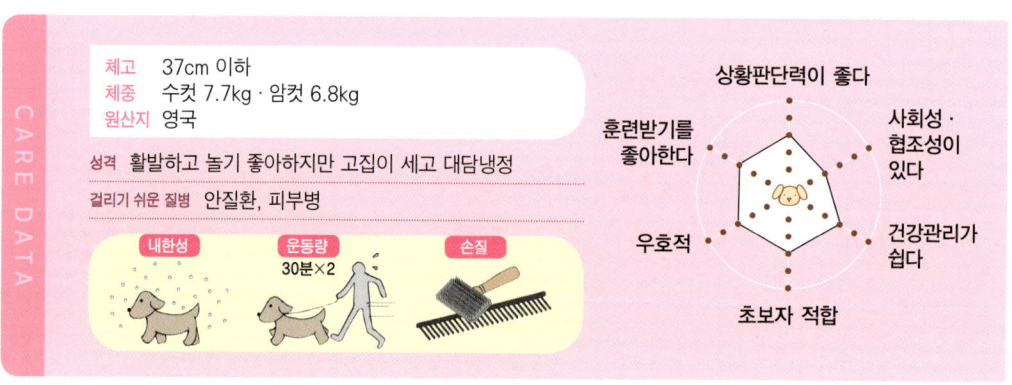

티베탄 테리어
Tibetan Terrier

견종번호 209
소형견 | 그룹 9

티벳에서는 행운을 가져오는 개

호기심이 왕성한 고집쟁이

끝없이 길게 자라는 털은 매우 부드럽다. 원산지 티벳에서는 이 털을 중앙아시아의 소과 동물 야크의 털과 섞어서 의복의 원료로 사용했다. 또 티벳의 사원에서는 행운을 가져오는 신성한 개로 소중하게 사육하였다.

호기심이 왕성하고 고집스러운 면이 있지만 영리하고 운동을 좋아하므로 훈련에 따라서 다양한 것을 재미있게 흡수할 수 있다. 실내 놀이만으로는 일일운동량이 부족하므로 기분전환 겸 가까운 곳을 20분 정도 산책하는 것이 좋다.

눈에 걸리는 긴 털은 안질환의 원인이 되니 방해가 되지 않을 정도로 잘라주거나 머리 위로 정리하여 리본으로 묶어주는 것이 좋다.

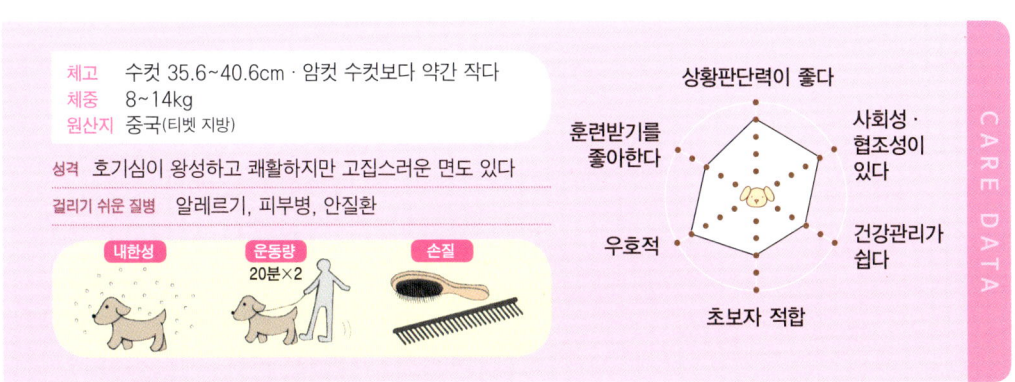

불 테리어
Bull Terrier

견종번호 11
중형견 그룹 3

캐릭터성이 뛰어난 우스꽝스럽게 생긴 개

애교가 많고 어리광부리기 좋아한다

원래 쥐잡이를 시킬 목적으로 만들어낸 개로, 지금은 멸종된 화이트 잉글리시 테리어와 불독을 교배시킨 개가 토대다. 그 후 스태포드셔 불 테리어 등과의 교배를 거듭하여 현재의 모습이 완성되었다.

다소 성격이 강하고 호전적인 면이 있는데 기본적으로는 명랑 활발하고 사람을 기쁘게 하는 것을 좋아한다. 또 어리광이 심해서 쓰다듬어주면 그대로 사람에게 달라붙어 떨어지지 않으려 한다. 하지만 마음에 들지 않는 일이 있으면 갑자기 공격적이 되기도 하고 아이들이나 다른 개 등과 문제를 일으키기도 하는 만큼 충분히 주의를 기울여야 한다.

에너지가 넘치는 견종이므로 놀이나 구보 등 다양한 메뉴를 혼합해 매일 충분한 운동을 시켜야 한다.

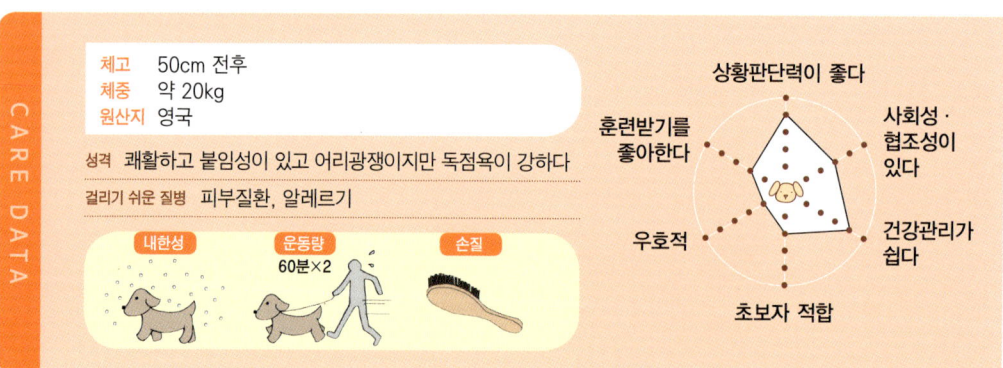

CARE DATA

체고 50cm 전후
체중 약 20kg
원산지 영국

성격 쾌활하고 붙임성이 있고 어리광쟁이지만 독점욕이 강하다
걸리기 쉬운 질병 피부질환, 알레르기

내한성 / 운동량 60분×2 / 손질

상황판단력이 좋다
훈련받기를 좋아한다
사회성·협조성이 있다
우호적
건강관리가 쉽다
초보자 적합

스태포드셔 불 테리어

Staffordshire Bull Terrier

견종번호 76
중형견 | 그룹 3

소와 싸우던, 무서운 얼굴의 에너지 넘치는 투견

사람을 잘 따르지만 공격적

근육질의 체형에 무서운 얼굴을 가진 스태포드셔 불 테리어는 아메리칸 스태포드셔 테리어의 조상이 되는 견종이다. 황소와 싸움을 시킬 목적으로 18~19세기에 테리어와 불독을 교배하여 만들어냈다.

흉포해 보이지만 실제로는 매우 명랑하고 사람을 잘 따르며 익살스러운 행동으로 주인을 기쁘게 하려고 한다. 주인의 명령에는 순순히 따르고 항상 기분이 좋지만 마음 깊은 곳에 잠들어 있는 투견 본능에 불이 당겨지면 사납고 공격적인 개로 변신하니 돌발적인 행동을 피하기 위해서라도 주인은 확실하게 컨트롤할 수 있어야만 한다.

단모지만 추위에 강하며 매우 활동적이므로 일일운동을 충분히 시켜 스트레스를 발산시키는 것이 바람직하다.

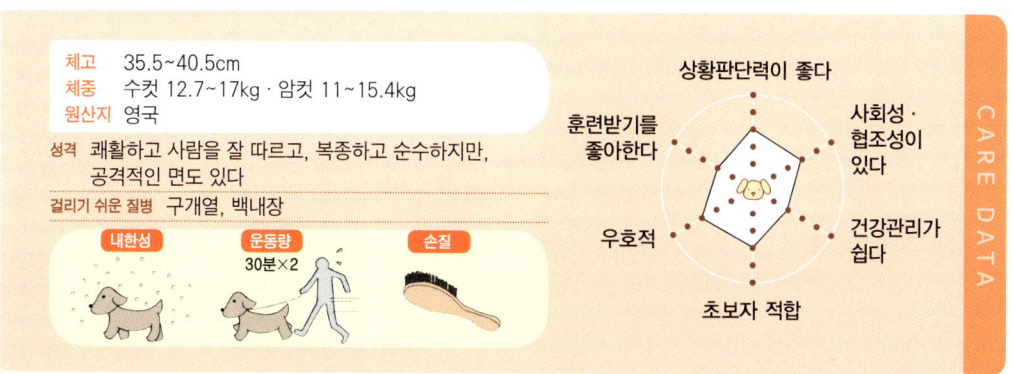

체고 35.5~40.5cm
체중 수컷 12.7~17kg · 암컷 11~15.4kg
원산지 영국
성격 쾌활하고 사람을 잘 따르고, 복종하고 순수하지만, 공격적인 면도 있다
걸리기 쉬운 질병 구개열, 백내장

내한성 | 운동량 30분×2 | 손질

CARE DATA

상황판단력이 좋다
훈련받기를 좋아한다
사회성·협조성이 있다
우호적
건강관리가 쉽다
초보자 적합

스키퍼키
Schipperke

견종번호 83 | 소형견 | 그룹 1

'작은 선장'을 뜻하는 견종명

애정 표현이 풍부한 다정한 개

옛날에 벨기에의 운하에서 계류하는 거룻배의 경비를 서거나 쥐를 구제하던 견종이다. 이름은 플랑드르어로 '작은 선장'을 뜻하는 스키퍼키에서 유래되었다.

지극히 온순하고 다정하며 주인에게 애정 표현이 풍부하다. 장난이 좀 지나치다 싶을 만큼 매우 놀기 좋아하는 이 스키퍼키는 잠시라도 떨어져 있고 싶지 않은 사랑스러운 반려견이 될 것이다.

운동을 매우 좋아해서 어질리티나 프리스비 등을 몹시 기뻐하며 즐긴다. 단 고관절 형성부전이 발견되므로 상태에 따라서는 심한 운동은 피하는 것이 좋다. 소형견이지만 구보를 포함한 산책을 매일 30분 정도 하고, 가능하면 안전한 공터에서 자유운동을 시키는 것이 바람직하다.

CARE DATA

체고 25~33cm
체중 3~9kg
원산지 벨기에

성격 사람을 잘 따르며, 다정하고, 애정 표현이 풍부
걸리기 쉬운 질병 피부병, 알레르기, 고관절형성부전, 안질환

내한성 | 운동량 30분×2 | 손질

상황판단력이 좋다
사회성·협조성이 있다
건강관리가 쉽다
초보자 적합
우호적
훈련받기를 좋아한다

벨지안 셰퍼드 독 그로넨달
Belgian Shepherd Dog Groenedael

견종번호 15 | 대형견 | 그룹 1

조식과 악천후를 견뎌내는 터프한 목양견

벨기에의 셰퍼드 4형제

칠흑처럼 매끄러운 털로 뒤덮인 그로넨달은 누구나 동경하는, 기품이 넘치는 견종 중 하나일 것이다. 애정이 깊고 섬세한 성격으로 상황판단이 뛰어나 냉정하게 정확한 판단을 내릴 줄 안다. 벨지안 셰퍼드 4형제 중 하나로 조악한 식사와 악천후를 견딜 수 있는 목양견을 만들 목적으로 19세기 말에 탄생시켰다.

그로넨달은 이해력이 빠르지만 훈련에 실패하면 신경질적인 개가 될 수도 있으니, 멋진 반려견으로 키우려면 당연히 엄격한 훈련을 거쳐야만 한다.

매우 많은 운동량이 필요하므로 항상 실외에 나갈 수 있는 환경이 이상적이다. 산책은 자유운동을 메인으로 하는 것이 좋으며 고관절형성부전이 발견되므로 건강상태를 잘 체크해야 한다.

오스트레일리안 캐틀 도그
Australian Cattle Dog

견종번호 287
중형견 그룹 1

콜리와 딩고의 피를 물려받은 파워풀한 개

신경질적이지만 인내심이 강한 작업견

오스트레일리아의 토착견 딩고에게서는 야성미 넘치고 파워풀한 체력을, 콜리에게서는 뛰어난 지능을 물려받은 오스트레일리안 캐틀 도그는 어떻게 해야 할지 스스로 판단하는 능력이 뛰어나서 환경 변화에 대처가 가능하다.

다양한 일을 해낼 수 있는 튼튼한 몸과 지구력을 겸비한 이 멋진 작업견은 19세기 중반에 탄생한 것으로 알려져 있다. 주인에게는 충성스럽고 인내심이 강하지만, 다소 신경질적인 면이 있고 낯선 사람에게는 공격적으로 대하기도 한다.

에너지가 넘치는 견종이므로 운동은 자유운동을 포함한 산책을 충분히 시켜주는 것이 좋다. 초보자가 사육하기에는 다소 어려울 수 있지만 건강관리가 쉽고 인내심을 발휘해 훈련을 잘 받는 견종이므로 어디에서든 비교적 키우기 쉬운 편이다.

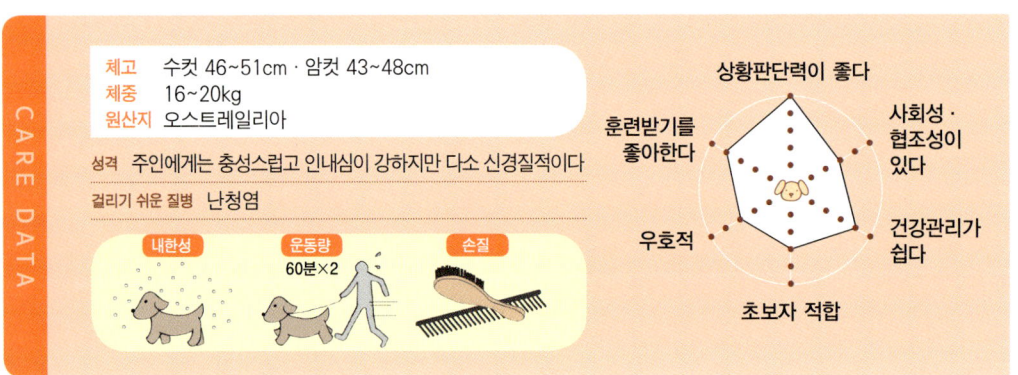

아이리시 울프 하운드
Irish Wolfhound

견종번호 160
대형견 | 그룹 10

멸종되었다가 재생된 초대형견

크기는 거대하지만 우호적인 성격

초대형견으로 알려진 울프 하운드는 고대 로마시대의 기록이 남아 있을 만큼 역사적으로 매우 오래된 견종이다. 주로 늑대나 엘크 등의 사냥에 이용되다가 19세기에 멸종되었는데, 그 후 애호가가 근친종을 통해 재생시켜 현재에 이르렀다.

늑대사냥에 활약했던 용맹한 이미지가 있지만 인간에게는 온순하고 대범한 성격이다. 또 주인에게 충성스러우며 애정이 깊다.

힘이 매우 세기 때문에 일일운동량은 되도록 많은 시간을 필요로 한다. 넓은 정원 등에서 자유롭게 행동하게 하는 것이 이상적이지만, 일반 가정에서는 어려우므로 장시간의 산책을 통한 구보나 안전한 공터에서 자유운동을 시키는 것이 좋다.

체고 수컷 79~86cm · 암컷 71cm 이상
체중 수컷 54.5kg 이상 · 암컷 40.5kg 이상
원산지 아일랜드
성격 매우 온순하고 애정 깊으면서 복종
걸리기 쉬운 질병 고관절형성부전, 위염전, 안질환

내한성 | 운동량 60분×2 | 손질

CARE DATA
- 상황판단력이 좋다
- 사회성·협조성이 있다
- 건강관리가 쉽다
- 초보자 적합
- 우호적
- 훈련받기를 좋아한다

쿠이커혼제
Kooikerhondje

견종번호 314
소형견 | 그룹 8

네덜란드에서 야생오리를 쫓던 조렵견

성격은 천하일품

18세기 네덜란드에서 활발했던 미끼오리를 이용한 사냥에서 야생 오리(네덜란드어로 쿠이커)를 그물로 몰아주는 역할을 했다.

제2차 세계대전 직후 생존 두수가 25마리밖에 안 되는 상황에서 애호가의 노력 덕분에 가까스로 멸종을 면했지만 적은 개체 간의 반복된 번식으로 유전병이 발병되기 쉬운 견종으로 인식된다. 하지만 몸의 크기가 적당한데다 명랑하고 매우 온순하며 공격적인 면이 전혀 없기 때문에 좋은 반려견이 될 수 있다.

조렵견 출신이기 때문에 활발하고 기운이 넘친다. 일일운동량은 가능한 안전한 공터에서 자유운동을 시키는 것이 가장 좋지만, 주인과 함께 있는 것을 매우 좋아하므로 같이 조깅하는 것도 바람직할 것이다.

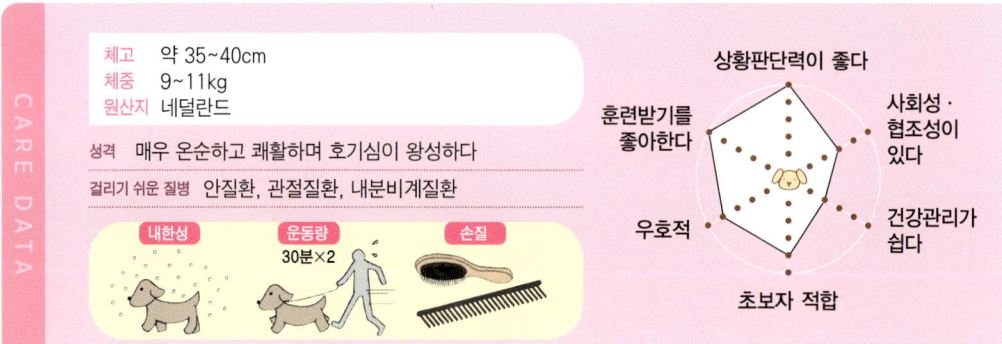

CARE DATA

체고 약 35~40cm
체중 9~11kg
원산지 네덜란드

성격 매우 온순하고 쾌활하며 호기심이 왕성하다
걸리기 쉬운 질병 안질환, 관절질환, 내분비계질환

내한성 | 운동량 30분×2 | 손질

- 상황판단력이 좋다
- 사회성·협조성이 있다
- 건강관리가 쉽다
- 초보자 적합
- 우호적
- 훈련받기를 좋아한다

케리 블루 테리어
Kerry Blue Terrier

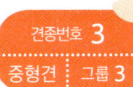
견종번호 3
중형견 | 그룹 3

아일랜드 출신의 푸른빛이 도는 테리어

마이페이스에 조급한 성격의 중형견

얼굴을 제외한 몸 전체를 덮고 있는 컬된 은색 털은 햇빛을 받으면 블루로 아름답게 반짝거린다. 아일랜드에서 수백 년 전부터 국견으로 키웠던 테리어로, 아일랜드의 케리 주에서 많이 사육하는 데서 견종명이 유래되었고, 지금도 수렵견이나 경비견으로 활약하고 있다.

매우 영리하고 체력이 뛰어나며 활발하고 건강하지만, 마이페이스에 성격이 조급한 면이 있다. 자기 페이스가 흐트러지거나 무리한 명령을 받으면 짜증을 내기도 하는데다 순순히 훈련을 받으려 하지 않는 편이니 주인에게는 끈기와 노력이 필요하다.

놀기를 좋아하니 일일운동으로 실컷 놀게 해주면 개도 기뻐하며 명령에 따를 것이다.

같은 블루라도 색배합이 미묘하게 다르다

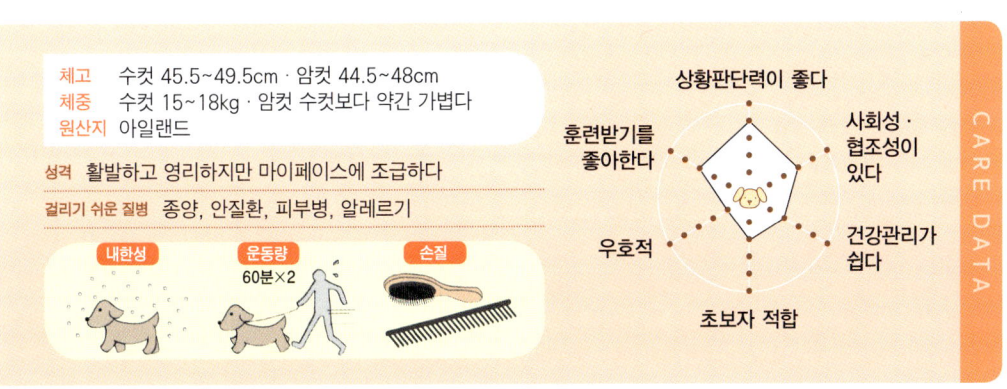

견종번호	197
대형견	그룹 2

나폴리탄 마스티프
Neapolitan Mastiff

로마군과 함께 진군한 당대의 군용견

훈련이 가장 중요한 과제

조상은 고대 로마시대의 투견이나 경비견이었던 것으로 추정된다. 로마군과 함께 이동하며 유럽에 널리 알려졌는데, 그 후 개량이 진행되어 현재에 이르렀다.

풍모에서 상상할 수 있듯이 한번 신뢰한 주인의 명령에는 절대 복종하지만, 완고한 면이 있어 충견이 되기까지는 엄격한 훈련을 거듭해야만 한다.

차고 넘치는 체력과 엄청난 파워를 가졌으며 필요 시에는 상당히 민첩하게 행동하기 때문에 주인이 컨트롤하지 못하면 그저 크기만 큰 문제개가 될 소지가 있다. 따라서 초보자가 키울 수 있는 개는 아니다.

체중이 너무 증가하면 발병하기 쉬운 고관절형성부전이나 얼굴의 주름 사이가 더러워지는 피부병에 주의하도록 한다.

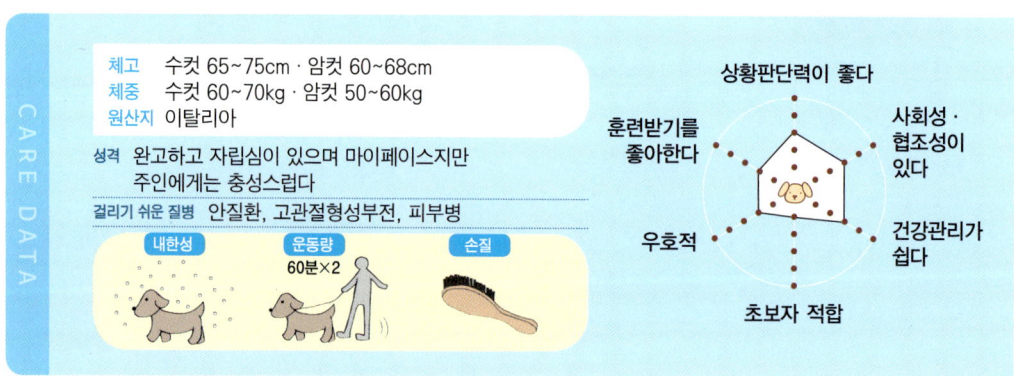

잉글리시 세터
English Setter

견종번호 2
대형견 | 그룹 7

사냥감을 알려주는 영국의 대표적인 조렵견

수영을 좋아하는 명랑한 견종

오래전부터 존재했던 스패니얼을 기초로 포인터 세터 독 등과의 교배로 탄생한 조렵견이다. 사냥감의 위치를 확인하면 웅크리고 있다가 사냥꾼에게 알리는 작업을 세터라고 하는 데서 이름이 유래되었다.

지극히 발랄하고 온순한 성격에 물장난과 애교부리기를 좋아한다. 인내심을 발휘하여 아이들을 상대하므로 소중한 가족의 일원이 될 수 있는 견종이다.

조렵견 출신이라 매우 많은 운동량이 필요하므로 매일 구보나 자유운동, 놀이를 포함한 운동을 적절히 시키도록 한다. 주인과 함께 있는 것을 가장 좋아하니 여행, 특히 아웃도어 여행에 데려가면 매우 기뻐할 것이다.

풀리
Puli

견종번호 55
중형견 그룹 1

1천 년 전부터 헝가리에 존재한 드레드헤어 개

칭찬으로 재능을 발휘하게 하자

티베탄 스패니얼이 선조가 아닐까 추정되는 독특한 스타일의 풀리는 헝가리에서는 약 1000년 전부터 목축견으로 일했던 견종이다. 자랑인 드레드헤어는 가축을 지킬 때, 추위로부터 몸을 지키거나 적과의 싸움에서 상대의 이가 살까지 파고들지 못하도록 돕는다.

매우 영리하고 기억력이 좋아서 훈련은 힘들지 않다. 반려가족을 사랑하고 주의 깊은 면이 있으므로 반려견으로서도 훌륭한 번견 역할을 해낼 것이다. 하지만 자존심이 강한 편이므로 무시하거나 필요 이상으로 야단 치면 주눅이 들기 때문에 무조건 칭찬하여 재능을 향상시키는 것이 바람직하다.

CARE DATA

- 체고: 수컷 39~45cm · 암컷 36~42cm
- 체중: 수컷 13~15kg · 암컷 10~13kg
- 원산지: 헝가리
- 성격: 다정하고 가족을 생각하는 마음이 크지만 자존심이 강하다
- 걸리기 쉬운 질병: 관절질환, 안질환, 피부질환

운동량: 30분×2
손질: 거의 필요 없다

- 상황판단력이 좋다
- 사회성·협조성이 있다
- 건강관리가 쉽다
- 초보자 적합
- 우호적
- 훈련받기를 좋아한다

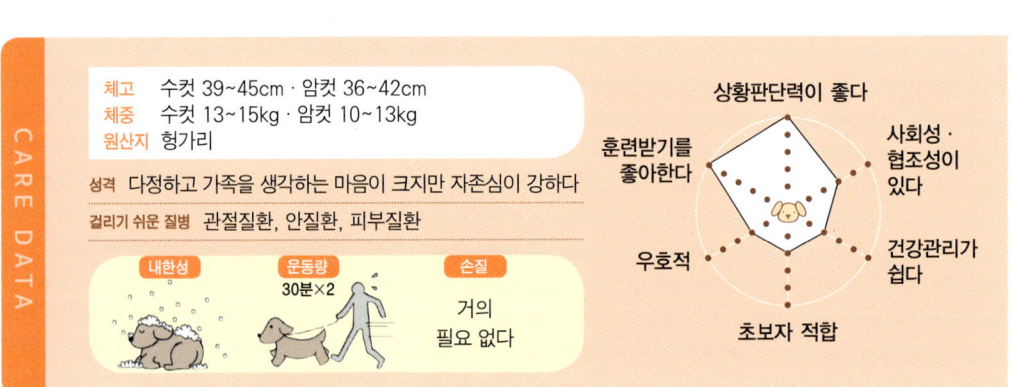

벨지안 셰퍼드 독 마리노이즈
Belgian Shepherd Dog Malinois

견종번호 15
대형견 | 그룹 1

벨지안 셰퍼드의 단모 타입

어려운 훈련도 집중력으로 해낸다

네 가지 타입의 벨지안 셰퍼드 중 단모종으로, 벨지안 셰퍼드 중에서는 최초의 독립견종으로 공인되었다. 벨기에의 앙트워프 교외에 있는 마리누 부근 출신인 데서 이름이 유래되었다.

주인에게는 충성심이 강하고, 목양견 출신인 만큼 상당히 영리하며 집중력이 뛰어나서 훈련을 빨리 흡수한다. 그래서 이 견종에게 훈련이 제대로 되지 않는다면 주인 쪽에 문제가 있다고 봐도 과언이 아닐 것이다. 단 신경질적인 면이 있으므로 훈련이 잘 되지 않는다고 해서 심한 체벌을 가해서는 안 된다.

운동량은 매우 많이 필요하므로 가능하면 안전한 공터 등에서 자유운동을 시키는 것이 바람직하다.

체고   수컷 60~66cm · 암컷 56~62cm
체중   수컷 약 25~30kg · 암컷 약 20~25kg
원산지 벨기에
성격   매우 영리하며, 신뢰한 주인에게는 충성스럽다
걸리기 쉬운 질병 고관절형성부전, 피부병, 알레르기

내한성 | 운동량 60분×2 | 손질

CARE DATA

- 상황판단력이 좋다
- 사회성·협조성이 있다
- 건강관리가 쉽다
- 초보자 적합
- 우호적
- 훈련받기를 좋아한다

스탠더드 슈나우저

견종번호 182
중형견 그룹 2

Standard Schnauzer

미디엄 사이즈의 슈나우저

천진난만하고 저돌적

크기에 따른 세 가지 타입의 슈나우저 중 미디엄 사이즈 타입으로, 다른 두 타입의 슈나우저를 토대로 만들어졌다.

독일에서는 오래전부터 호위견이나 목축견으로 다양한 일을 해왔다. 온순하고 똑똑하며 호기심이 왕성하기 때문에 훈련시키기 쉽고, 흡수력도 빠르다. 하지만 어린아이 같은 면이 있어서 한번 흥분하면 천진난만하고 저돌적으로 행동하기도 한다. 주인에게 충성스러우므로 흥분상태일 때도 잘 컨트롤할 수 있도록 신뢰관계를 구축하자.

피모가 더러워지면 피부병이 발병할 수 있으니 얼굴에 나는 긴 털은 정기적으로 트리밍하여 청결을 유지하도록 한다.

CARE DATA

- 체고: 45~50cm
- 체중: 14~20kg
- 원산지: 독일
- 성격: 온순하고 사려 깊지만, 호기심이 왕성하고 저돌적인 면도 있다
- 걸리기 쉬운 질병: 요로질환, 피부병

내한성 / 운동량 60분×2 / 손질

- 상황판단력이 좋다
- 사회성·협조성이 있다
- 건강관리가 쉽다
- 초보자 적합
- 우호적
- 훈련받기를 좋아한다

기슈견

견종번호 318
중형견 | 그룹 5

Kishu

기슈의 산악지대에서 뛰어다니던 수렵견

스마트한 펫 타입

와카야마 현이나 미에 현 등의 산악지대에서 키웠던, 일본을 대표하는 하얀 수렵견으로 주로 멧돼지나 사슴, 토끼 등의 사냥에서 활약했다. 1934년 일본의 천연기념물로 지정되었고, 반려견으로 널리 보급되는데 현재 찾아볼 수 있는 기슈견은 수렵견이 아니라 다소 스마트하고 머리가 작은 펫 타입이라고 할 수 있다.

수렵견의 피를 물려받아 필요 시에는 용감무쌍하게 행동한다. 침착한 성격에 주인에게는 복종하며 반려견이 되면서 수렵견 때보다 인상이 온순해졌다.

옛날부터 일본의 기후에 익숙해 있기 때문에 추위에는 강하지만 더위에는 약하므로 실외 사육 시 한여름의 더위에 주의해야 한다.

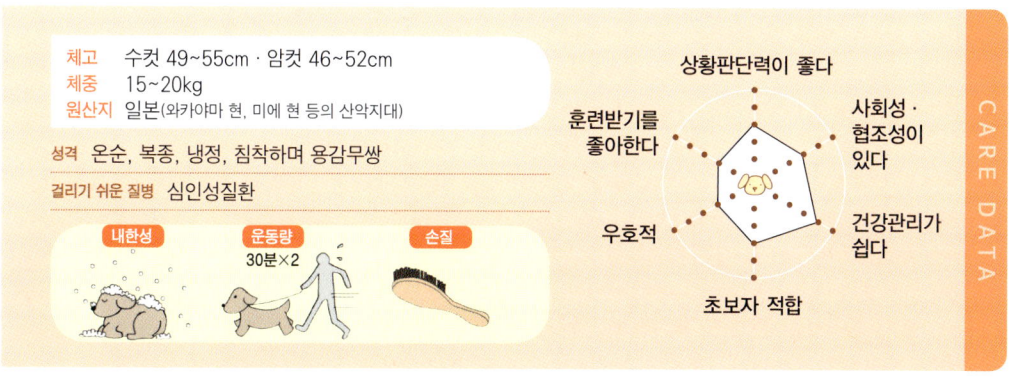

자이언트 슈나우저

견종번호 181
대형견 | 그룹 2

Giant Schnauzer

가구처럼 조용한 가장 큰 슈나우저

수상한 사람이나 소리에 민감

주로 소몰이를 시킬 목적으로 19세기 초반 스탠더드 슈나우저를 대형화하여 탄생된 견종이다.

상황판단이 뛰어난 스탠더드 슈나우저의 장점을 그대로 물려받은 자이언트 슈나우저는 냉정하고 똑똑해서 다양한 훈련을 소화해내면서도 집안의 장식품처럼 보일 정도로 조용하다. 그 반면 수상한 소리나 인기척을 느끼면 바로 반응하고, 위험하다고 판단되면 격하게 짖거나 공격적으로 돌변하기도 한다. 그만큼 영역의식이 강하고 방어본능이 뛰어나므로 믿음직스러운 번견이 될 것이다.

호기심이 왕성하고 운동을 매우 좋아하니 변화가 풍부한 산책을 시키면 개의 스트레스 발산에도 좋을 것이다.

CARE DATA

체고 60~70cm
체중 35~45kg
원산지 독일

성격 냉정하고 얌전하지만, 감각이 예민하고 방어본능이 강하다
걸리기 쉬운 질병 피부병, 고관절형성부전, 요로감염증, 알레르기

내한성
운동량 60분×2
손질

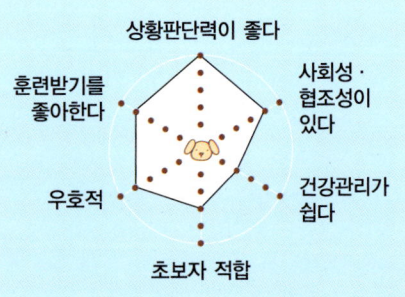

브리타니 스패니얼
Brittany Spaniel

견종번호 95
중형견 그룹 7

프랑스에서 친숙한 브루타뉴의 조렵견

우호적이고 터프한 파트너

프랑스에서는 인기가 많은 조렵견이다. 선조는 브루타뉴 지방의 수렵민이 데리고 다니던 개로 추정되는데, 추위에 강하고 몸이 튼튼하다. 우호적인 성격으로 쾌활하고 똑똑하며 공격적인 면이 전혀 없기 때문에 가정에서 키우기에 최상의 견종이라 할 수 있다.

주인과 행동하는 것을 좋아하고 항상 함께 있는 것을 기쁘게 여기므로 좋은 반려견이 될 것이다.

커뮤니케이션을 겸한 산책을 장시간 하며 충분한 운동을 시켜주도록 한다.

터프한 이 견종은 고관절형성부전이나 구개열, 혈우병 등의 트러블이 발견되니 키우게 된다면 정기적으로 건강검진을 해야 한다. 조기발견으로 이어진다면 막상 병에 걸리더라도 안심할 수 있을 것이다.

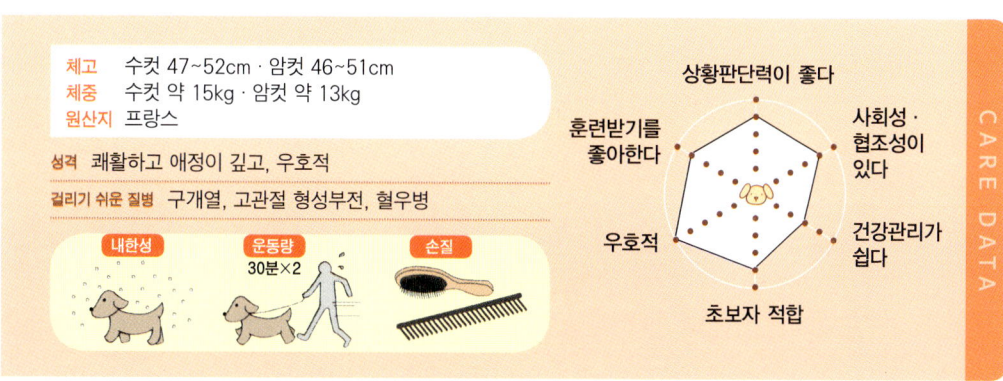

견종번호	10
소형견	그룹 3

보더 테리어
Border Terrier

국경지대에서 활약했던 뛰어난 소형 수렵견

훈련이 어려워도 결코 포기하지 않는다

보더란 국경을 가리킨다. 18세기 스코틀랜드와 잉글랜드 국경 부근에서 많이 키우던 개로, 농가의 해수인 쥐를 잡거나 여우와 오소리사냥에서 활약했던 기질이 현재까지 이어져 민첩하고 활발하게 움직인다.

주인에게 충성스럽고 경계심이 강하기 때문에 수상한 소리가 나면 심하게 짖어서 가족에게 알린다.

상황판단 능력이 뛰어나고 지기 싫어하는 면이 있어서 어려운 훈련이라도 열심히 응하려 하는 만큼 어중간한 훈련방법으로는 오히려 주인을 얕볼 수 있으니 각오가 필요하다. 소형견이지만 운동능력이 높고 스태미너도 있으니 변화가 풍부한 산책코스를 마련해 매일 즐겁게 운동할 수 있도록 하는 것이 좋다.

불 마스티프
Bull Mastiff

사자와 싸웠다는 용감한 개

사육 상급자에게는 충성스럽고 믿음직스러운 개

불독과 마스티프를 교배하여 19세기 중엽에 만들어낸 것으로 알려져 있다. 주로 농장의 경호 일 등을 해온 이 불 마스티프는 1871년 사자와 싸웠다는 기록도 있다.

사자에게 맞서 싸울 정도로 용감하고 성격이 강한 견종이지만, 신뢰하는 주인에게는 이보다 더 믿음직스러운 개가 없을 정도로 충성스럽다. 하지만 훈련이 엉터리거나 주인이 배신행위를 한다면 주인일지라도 공격당할 수 있다. 때문에 훈련이나 개의 사육에 상당히 숙련된 상급자가 아니면 도저히 손 댈 수 없는 견종이라고 할 수 있다.

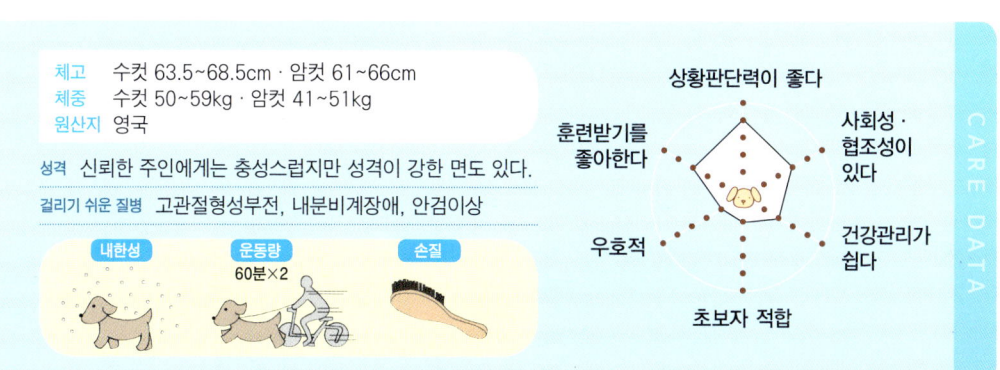

노리치 테리어
Norwich Terrier

견종번호 72
소형견 그룹 3

노포크 주 노리치 시 출신의 귀가 선 테리어

촐랑거리며 다니는 천진난만한 개

왼쪽: 노포크, 오른쪽: 노리치

노리치 테리어는 19세기 후반, 영국 남부의 노포크 주 노리치 시에서 탄생했다. 매우 쾌활하고 명랑하며 호기심이 왕성한 성격으로, 언제나 쫄래쫄래 돌아다니며 천진난만하게 놀아 반려인에게 즐거움과 위로를 준다. 머리가 좋고 기억력이 좋은 것도 장점이다. 놀기를 매우 좋아하므로 놀이를 통해 여러 가지를 가르친다면 빠른 흡수력을 발휘해 어느새 달인이 되어 있을 것이다.

노포크 테리어와 비슷하지만 귀가 서 있는 것이 노리치 테리어, 늘어진 것이 노포크 테리어이다.

CARE DATA

체고 25~26cm
체중 5~5.5kg
원산지 영국

성격 쾌활하고 호기심 왕성
걸리기 쉬운 질병 피부병, 알레르기

내한성
운동량 20분×2
손질

상황판단력이 좋다
훈련받기를 좋아한다
사회성·협조성이 있다
우호적
건강관리가 쉽다
초보자 적합

오스트레일리안 켈피
Australian Kelpie

스코틀랜드의 이민자들과 함께 온 목양견

오스트레일리아의 인기 견종

특징적인 모습이 없고 수수해 보이지만 목양견의 능력이 매우 뛰어나고, 상황에 따라 스스로 판단하여 정확하게 행동할 줄 아는 견종이다.

1870년대 스코틀랜드의 이민자들이 오스트레일리아로 데리고 온 스무스 콜리를 바탕으로 만들어낸 목양견이다. 오스트레일리아에서는 인기가 높은 견종이다. 켈피란 스코틀랜드의 전설에 나오는 물의 요정을 뜻하는데 순식간에 양을 모는 모습이 마법 같다고 해서 붙여진 이름이라는 등 여러 가지 설이 있다.

주인에게는 충성스럽고 평화주의의 얌전한 견종이지만 겁쟁이라고 할 만큼 경계심이 강해 낯선 사람에게는 심하게 짖는다.

보르도 마스티프
Bordeaux Mastiff

알렉산더 대왕이 데리고 다니던 개의 후손

침착냉정하고 반려인에게 절대복종

보르도 마스티프는 프랑스의 항구 도시 보르도가 원산지로 프렌치 마스티프라고도 한다. 마스티프 중에서는 초대형까지는 아니지만 상당히 단단한 체격이다. 옛날 알렉산더 대왕의 군대가 끌고 다닌 티베탄 마스티프의 후손이라는 설이 있으며 1910년 최초의 스탠더드(견종표준)가 정해졌다.

다가가기 힘든 무서운 외모와는 달리 주인과 두터운 신뢰관계가 형성되면 절대복종하는 충성스러운 견종이다. 하지만 그 신뢰관계가 무너지면 반항적인 태도가 되기도 한다.

경계심이 강해서 번견으로서는 최적이라고 할 수 있는데, 매우 많은 운동량이 필요하므로 매일 장시간의 산책으로 체력을 키워야 한다.

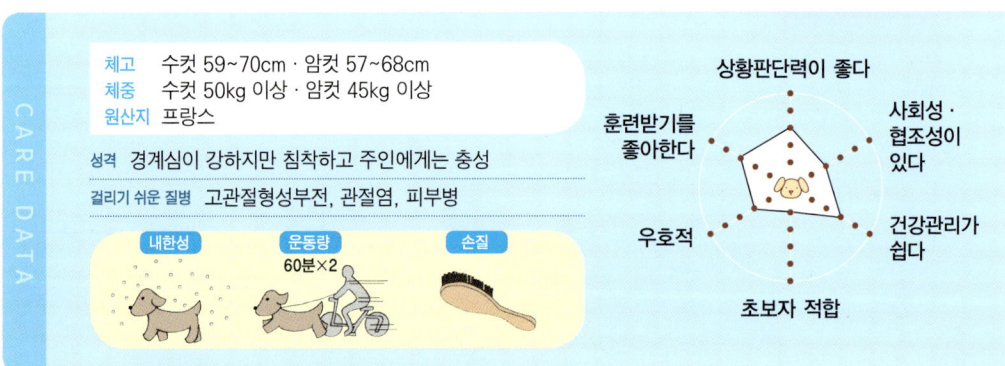

CARE DATA

체고 수컷 59~70cm · 암컷 57~68cm
체중 수컷 50kg 이상 · 암컷 45kg 이상
원산지 프랑스

성격 경계심이 강하지만 침착하고 주인에게는 충성
걸리기 쉬운 질병 고관절형성부전, 관절염, 피부병

내한성 / 운동량 60분×2 / 손질

상황판단력이 좋다 · 사회성·협조성이 있다 · 건강관리가 쉽다 · 초보자 적합 · 우호적 · 훈련받기를 좋아한다

포르투갈 워터 도그
Portuguese Water Dog

견종번호 37
중형견 | 그룹 8

멸종위기에서 부활한 포르투갈의 수중작업견

천진난만하게 어리광부리고 열심히 일하는 개

8세기 이베리아 반도에 살던 개가 조상인 것으로 추정되며, 당시부터 어부들의 수중작업을 도왔다. 포르투갈에서는 흔한 개인데, 50년 전쯤에는 멸종위기에 처했다가 부활했다.

독특한 트리밍은 수중 작업 시 상반신은 추위로부터 몸을 지키고, 하반신은 유연하게 움직일 수 있게 하기 위해서이다. 또 꼬리 끝의 트리밍은 주인이 수중이동 중인 개를 쉽게 발견할 수 있도록 고안한 것이다. 털을 트리밍을 하지 않고 그대로 자라게 하면 컬된 봉제인형 같은 모습이 되는데, 워터 도그답게 이 모습도 매우 귀엽다.

천진난만하지만 주인에게 충성스럽고 명령을 잘 따르며 책임감이 강해 부여한 일을 끝까지 완수한다. 낯선 사람에게는 경계심을 품는다.

샤페이

견종번호 309
중형견 그룹 2

Shar Pei

중국어로 '늘어진 피부'가 견종명

표정과 마찬가지로 고집스러운 개

주름투성이의 신기한 얼굴은 티베탄 마스티프의 피가 섞여 있기 때문이다. 중국 광동성에서는 농가를 지키던 번견이었는데, 얼굴의 주름이 너무 많아서 중국어로 '늘어진 피부'라는 뜻을 가진 조금 불쌍한 견종명이 붙었다.

매우 고집스러워 보이는 얼굴인데 실제로도 그렇다. 낯선 사람에게는 무뚝뚝하고 무관심하지만 반려가족에게는 깊은 애정을 보이고, 아이들에게도 인내심을 발휘해 상대해준다. 자존심이 강해 큰 훈련 성과는 없을지도 모르지만 꾸준히 하다 보면 기본적인 사항들은 몸에 익힐 수 있다. 추위에 다소 약하므로 겨울에는 충분한 보온이 필요하다.

CARE DATA

체고 44~51cm
체중 18~23kg
원산지 중국

성격 자존심이 강하고 고집스럽지만 주인에게는 애정이 깊다
걸리기 쉬운 질병 알레르기, 피부병, 안질환

내한성 / 운동량 30분×2 / 손질

- 상황판단력이 좋다
- 사회성·협조성이 있다
- 건강관리가 쉽다
- 초보자 적합
- 우호적
- 훈련받기를 좋아한다

파슨 러셀 테리어

Parson Russell Terrier

견종번호 339
소형견 | 그룹 3

잭 러셀의 원래 모습인 긴 다리 타입

열중하면 주위를 보지 못한다

파슨 러셀 테리어는 잭 러셀 테리어의 긴 다리 타입으로, 다리만 제외하면 똑같이 생겼다. 오스트레일리아의 다리가 짧은 타입이 잭 러셀 테리어의 스탠더드(견종표준)로 등록되는 바람에 파슨과 잭은 한동안 동일 견종으로 분류되었었다. 하지만 애호가의 노력으로 2001년 FCI에 서로 다른 별개의 견종으로 등록되는 쾌거를 이루었다.

매우 밝고 익살스러우며 장난을 좋아해, 전혀 악의가 없음에도 장난을 치면 악의처럼 느껴지기도 한다. 다른 개나 사람을 매우 좋아해서 누구에게든 먼저 다가간다. 함께 있다 보면 매우 즐거워지는 견종이지만 털빠짐이 심해 매일 빗질은 필수이며 청소도 거르지 않아야 한다.

그레이하운드
Greyhound

견종번호 158
대형견 그룹 10

빼어난 다리 힘을 자랑하는 가장 빠른 하운드

충성심이 강하고 대담한 개

해외 관광지 등의 도그레이스장에서는 친숙한 견종이다. 사냥감 같은 것을 레일에 달리게 하고 그것을 쫓아가도록 하는 도그레이스 경기에서 그레이하운드가 빠른 스피드로 질주하면 시속 80km 가까이 된다. 고대 이집트인도 초원을 달리는 야생토끼나 가젤 등의 사냥에 이용했을 만큼 속도가 빠르다.

기본적으로 활동적이고 호기심이 왕성하다. 대담하면서도 냉정하게 행동하며 주인과의 신뢰관계가 확실해지면 충성심이 매우 강해지고 훈련의 이해도 빠르다. 하지만 고집스러운 면도 있어서 신뢰관계와 주종관계를 확실하게 구축하지 않으면 반항적인 모습을 보이기도 한다.

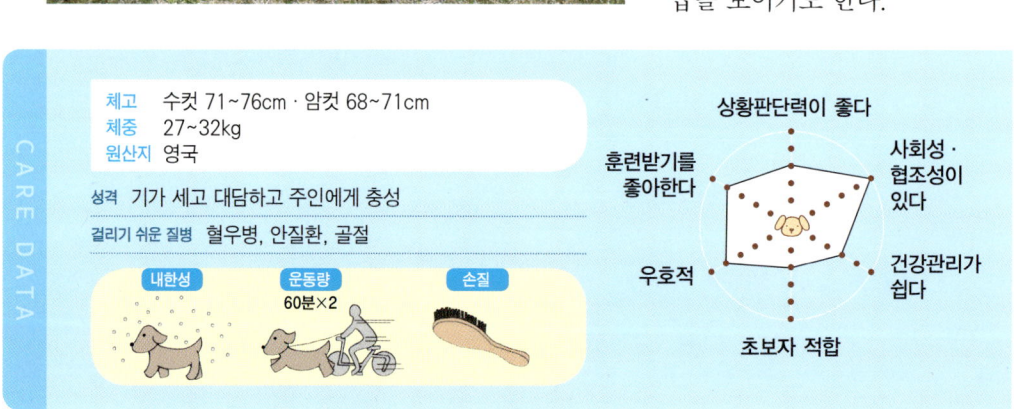

CARE DATA

체고 수컷 71~76cm · 암컷 68~71cm
체중 27~32kg
원산지 영국

성격 기가 세고 대담하고 주인에게 충성
걸리기 쉬운 질병 혈우병, 안질환, 골절

내한성 / 운동량 60분×2 / 손질

상황판단력이 좋다
사회성·협조성이 있다
건강관리가 쉽다
초보자 적합
우호적
훈련받기를 좋아한다

클럼버 스패니얼
Clumber Spaniel

견종번호 109
중형견 | 그룹 8

영국 왕실에도 애호가가 많았던 기품 있는 개

느릿한 행동으로 마이페이스

반려가족에게는 복종하며 깊은 애정을 가지고 대한다. 온순하고 느리고 느긋하며 침착하다. 마이페이스인 면이 있으니 주인은 천천히, 하지만 확실하게 신뢰관계를 구축해나갈 필요가 있다.

움직임은 느리지만 사냥꾼이 잡은 사냥감을 회수하는 건독 출신이므로 일일운동량은 충분하게 시켜야 한다. 내버려두면 비만이 되어 추간판헤르니아가 발병하기도 하는 만큼 무리하지 않는 선에서 장시간 산책 시키는 것이 좋다.

영국 왕실에서 사랑받던 견종으로 에드워드 7세와 조지 5세가 애호했다. 조상 중에 바셋 하운드와 블러드 하운드의 피가 섞여 있다.

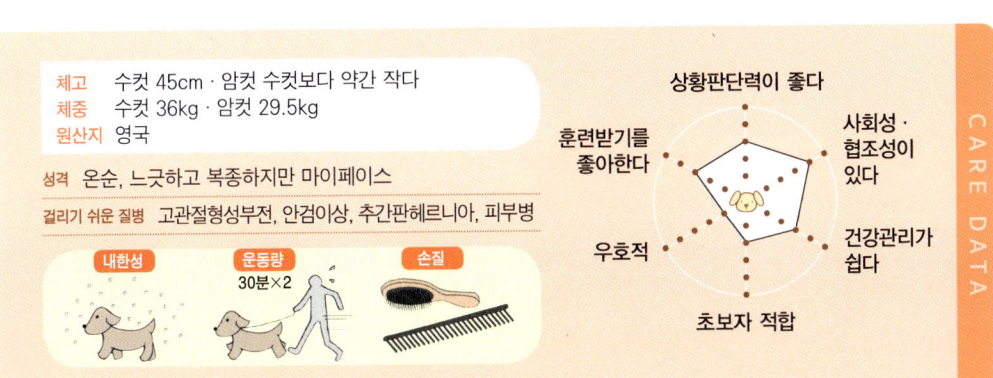

체고 수컷 45cm · 암컷 수컷보다 약간 작다
체중 수컷 36kg · 암컷 29.5kg
원산지 영국
성격 온순, 느긋하고 복종하지만 마이페이스
걸리기 쉬운 질병 고관절형성부전, 안검이상, 추간판헤르니아, 피부병

오스트레일리안 테리어
Australian Terrier

뭐든 해내는 오스트레일리아의 테리어

감정기복이 심한 개

항상 기운이 넘치고 활발하게 움직이는 활동적인 견종이다. 천진난만하고 쾌활하지만 지나치게 흥분하면 갑자기 함께 놀던 반려인이나 다른 개들을 공격하기도 한다. 그 경우 꽤 수습하기 힘들어지므로 어린이가 함께 있는 경우에는 특히 주의해야 한다.

조상은 스코틀랜드의 소형 테리어이며, 이민자들과 함께 오스트레일리아로 건너와 다양한 테리어와의 교배로 탄생했다. 농장에서 번견일과 가축을 지키고, 출몰하는 쥐를 구제하는 등 다양한 일을 하는 만능견으로 활약했다.

경계심과 영역의식이 강하고 튼튼하기 때문에 반려견으로 키운다면 훌륭한 번견 역할을 해낼 것이다.

로디지안 리지백

Rhodesian Ridgeback

아프리카 남부 유일의 FCI 공인견종

훈련을 좋아하는 믿음직스러운 충견

날카로운 눈매가 다가가기 어려운 분위기를 풍기는데 실제로는 공격적인 면이 전혀 없고 느긋한 평화주의자이다. 신뢰관계가 구축된 주인에게는 매우 충성스럽고, 영리해서 훈련을 받으면 빨리 흡수한다.

19세기 후반에는 사자를 추격하다가 사자가 약해지면 사냥꾼이 잡는 식의 사냥조수 역할을 했다. 한때 로디지아라고 불렸던 현재의 짐바브웨에서 탄생한 견종으로, 아프리카 남부에서는 유일하게 FCI에 공인된 견종이다.

타이 리지백처럼 등에 털이 반대로 나 있는 것으로 보아 모종의 관계가 있는 것으로 추측된다. 둘 다 모질과 색이 비슷하지만, 타이 리지백이 선 귀인 데 반해 로디지안 리지백은 늘어진 귀이다.

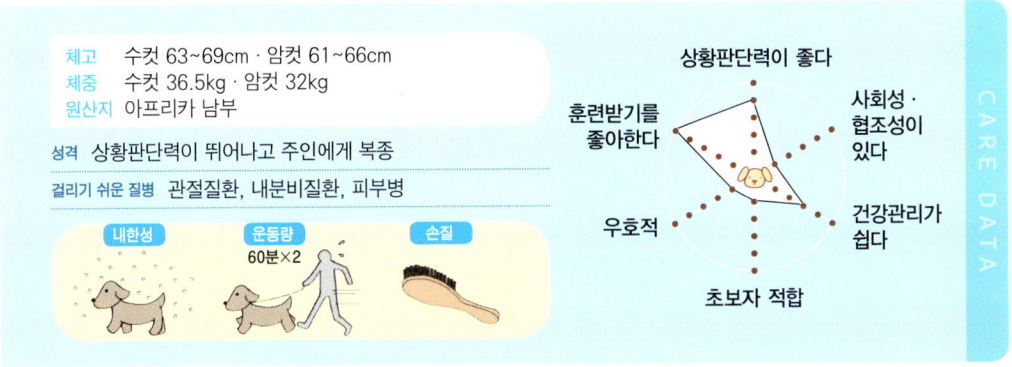

보비에 드 플란더스
Bouvier Des Flanders

견종번호 191
대형견 그룹 1

만화와 비슷한 듯 비슷하지 않은 플란더스의 개

고집스럽고 마이페이스지만 어리광쟁이

일본의 명작만화 '플란더스의 개'에 등장한 개와는 닮지 않았지만 원작소설의 모델이 된 견종이다. 후일 소설이 영화화됐을 때는 원작대로 보비에 드 플란더스가 출연했다. 플랑드르 지방이 원산지이고, 현재 맹도견이나 경찰견으로 활약하고 있다.

어른스럽고 온순하며 공격적인 면이 없다. 또 머리가 좋고 상황판단력이 뛰어나다. 하지만 스스로 결정한 일은 무슨 일이 있어도 양보하지 않는 완고한 면에 마이페이스이기도 해서 훈련하는 데 시간이 걸릴 수 있다.

체력에 자신이 있는 견종이므로 자전거 반주와 구보를 포함한 운동을 시키는 것이 좋다.

CARE DATA

체고 수컷 61~69cm · 암컷 58~66cm
체중 수컷 약 35~40kg · 암컷 약 27~35kg
원산지 벨기에 및 프랑스(플랑드르 지방)

성격 얌전하고 온순하지만 고집이 세고 마이페이스인 면도 있다
걸리기 쉬운 질병 관절질환, 소화기기능장애, 종양

내한성 / 운동량 60분×2 / 손질

- 상황판단력이 좋다
- 사회성 · 협조성이 있다
- 건강관리가 쉽다
- 초보자 적합
- 우호적
- 훈련받기를 좋아한다

체서피크 베이 리트리버

Chesapeake Bay Retriever

견종번호 263
대형견 | 그룹 8

해상사고가 인연이 되어 탄생한 리트리버

인내심이 강해서 아이들 상대로도 적합

1807년, 미국 워싱턴 남부 체서피크 항만에서 난파되었다가 구조된 영국 선박의 선장이 주민들에게 답례로 한 쌍의 뉴펀들랜드 새끼를 선물했고, 그 후 토착 견종인 리트리버와 교배하여 탄생한 견종이라고 한다.

전체적인 스타일을 보면 리트리버의 피가 진하게 섞여 있는 것 같은데, 역사가 말해주듯이 뉴펀들랜드의 영향을 받아 아이들에게도 다정하게 잘 상대해주는 인내심 강한 견종으로 반려견으로서도 멋지다.

주인의 말에는 무조건 복종하고 영리해서 많은 훈련을 어려움 없이 소화해낸다.

체고 수컷 58~66cm · 암컷 53~61cm
체중 수컷 29.5~36.5kg · 암컷 25~32kg
원산지 미국
성격 쾌활, 온순, 복종하고 인내심이 강하다
걸리기 쉬운 질병 고관절형성부전, 관절염

내한성 | 운동량 60분×2 | 손질

CARE DATA

상황판단력이 좋다
훈련받기를 좋아한다
사회성·협조성이 있다
우호적
건강관리가 쉽다
초보자 적합

견종번호 344
대형견 그룹 2

그레이트 재패니즈 도그
Great Japanese dog

미국에서 독자적인 길을 걷는 일본계 견종

조상은 일본의 아키타견

종전 후 미군 관계자가 미국으로 데려간 아키타견으로, 그레이트 재패니즈 도그의 조상이다. 그래서 아메리칸 아키타라는 별명도 있다.

1950년대 이후 아키타견은 외국에서 순종번식이 유지되었지만, 그레이트 재패니즈 도그는 저먼 셰퍼드 등의 피가 섞여 2000년에 독립견종으로 공인된 새로운 견종이다. 외국에서는 검은 마스크가 기본이다.

성격은 아키타견과 비슷해서 온순하고 주인에게 매우 충성스럽다. 평소 책임감을 갖고 집을 지키는데, 영역의식이 매우 강해서 신뢰관계가 확실하지 않으면 공격적으로 나오기도 한다.

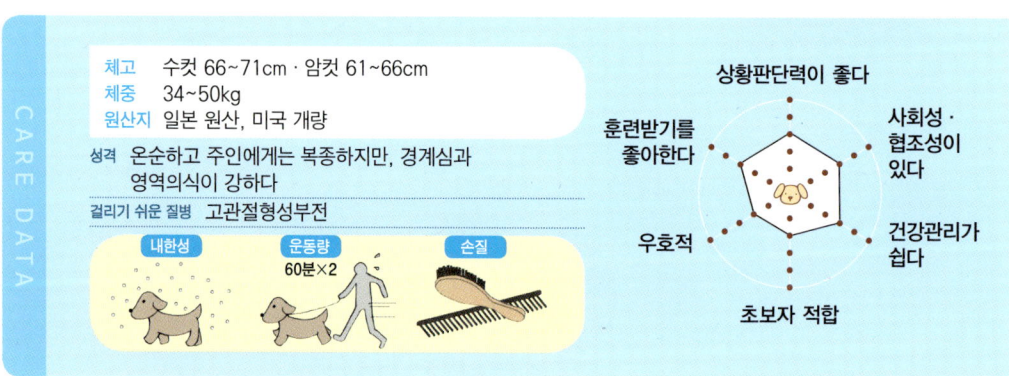

CARE DATA

- 체고: 수컷 66~71cm · 암컷 61~66cm
- 체중: 34~50kg
- 원산지: 일본 원산, 미국 개량
- 성격: 온순하고 주인에게는 복종하지만, 경계심과 영역의식이 강하다
- 걸리기 쉬운 질병: 고관절형성부전

내한성 / 운동량 60분×2 / 손질

상황판단력이 좋다 / 사회성·협조성이 있다 / 건강관리가 쉽다 / 초보자 적합 / 우호적 / 훈련받기를 좋아한다

케이스혼드
Keeshond

견종번호 97
중형견 | 그룹 5

정당의 상징이 된 네덜란드의 스피츠

별명은 울프스피츠

바람에 나부끼는 멋진 울프그레이의 장모를 가져 울프스피츠라고도 불린다. 18세기 중반에 네덜란드에서 민주적 개혁을 감행한 당수 코르넬리스 드 가이즐러(애칭 케이스)가 키운 애견으로, 나중에 당의 마스코트가 되자 '케이스의 개'라는 뜻을 가진 케이스혼드라는 이름이 붙었다.

스피츠 계열의 성질이 두드러지지 않아서 낯선 사람에게도 붙임성이 좋고 꽤 사교적이지만 주인을 더 특별히 여겨 언제나 함께 걷는다. 쾌활하고 인내심이 강해서 아이들의 놀이상대도 되어주는데, 활발하게 떠든다기보다 조용히 지켜보는 느낌이다. 초보자에게 다소 힘들 수도 있지만 훈련의 이해도가 빠르기 때문에 키우기 쉬운 견종이다.

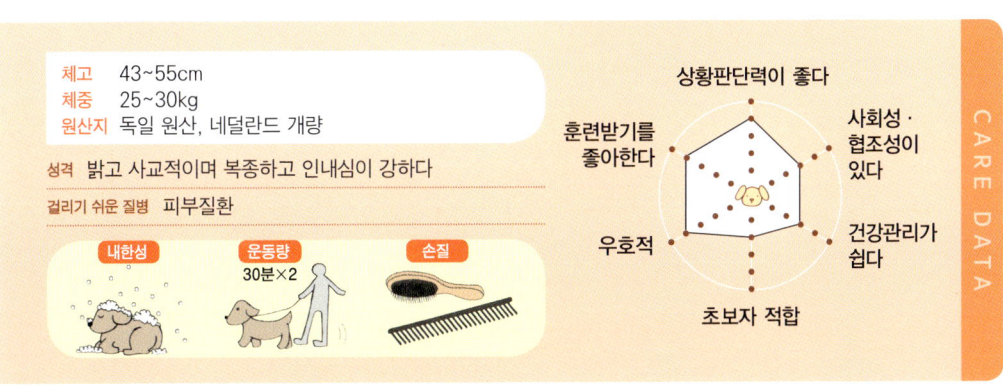

체고 43~55cm
체중 25~30kg
원산지 독일 원산, 네덜란드 개량
성격 밝고 사교적이며 복종하고 인내심이 강하다
걸리기 쉬운 질병 피부질환

내한성 | 운동량 30분×2 | 손질

CARE DATA
상황판단력이 좋다
훈련받기를 좋아한다
사회성·협조성이 있다
우호적
건강관리가 쉽다
초보자 적합

헝가리안 쇼트헤어드 비즐라
Hungarian Shorthaired Vizsla

견종번호 57 · 대형견 · 그룹 7

마자르 유목민이 데리고 다니던 개

사람과 놀기, 모두 좋아한다

헝가리를 정복했던 마자르인이 데리고 다니던 개가 조상으로 알려진 헝가리안 쇼트헤어드 비즐라는 통칭 '비즐라'라고 불린다. '비즐라'라는 이름은 1510년에도 존재했고, 그 후 1850년대에 이르러 현재의 모습이 확립되었다고 한다.

쾌활하고 호기심 왕성한 성격으로 사람을 좋아하고 배려심이 있으며 인내심이 강해서 어린아이도 잘 상대해준다. 특히 주인을 매우 좋아해서 언제든 곁에 있고 싶어 할 정도로 주인에 대한 애정이 깊다.

놀기 좋아하고 무슨 일에든 흥미를 갖지만 지나치게 흥분하는 일이 없어, 안정적인 성격이라고 할 수 있다. 단 운동량이 매우 많이 필요하므로 매일 장시간의 산책으로 스트레스를 발산시켜야 하며, 해외에서는 인기가 많은 견종이다.

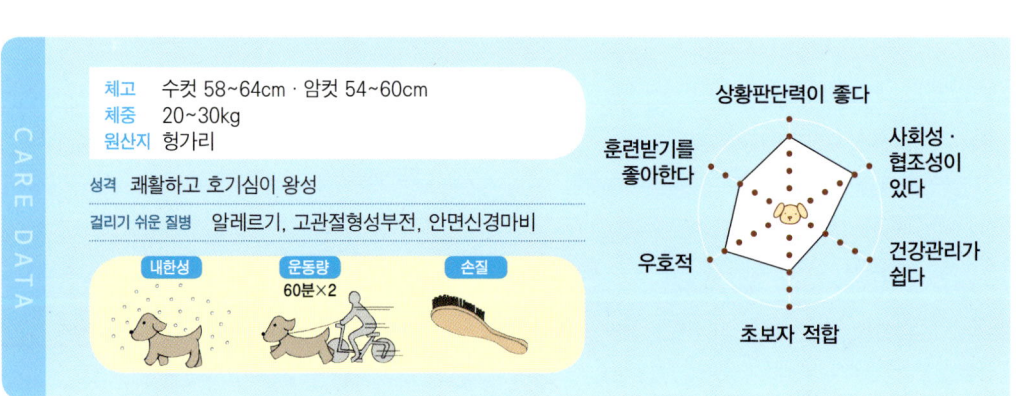

CARE DATA

- 체고: 수컷 58~64cm · 암컷 54~60cm
- 체중: 20~30kg
- 원산지: 헝가리
- 성격: 쾌활하고 호기심이 왕성
- 걸리기 쉬운 질병: 알레르기, 고관절형성부전, 안면신경마비
- 내한성 / 운동량 60분×2 / 손질
- 상황판단력이 좋다 / 사회성·협조성이 있다 / 건강관리가 쉽다 / 초보자 적합 / 우호적 / 훈련받기를 좋아한다

라지 먼스터랜더

Large Munsterlander

견종번호 118
대형견 | 그룹 7

저먼 포인터의 흑백 타입에서 독립

지성과 기품이 느껴지는 조렵견

원래 저먼 롱헤어드 포인터의 흑백 타입으로 1908년에 저먼 롱헤어 포인터의 견종 표준에서 흑백 타입이 제외되자, 1919년부터 라지 먼스터랜더로 조직적인 번식이 이루어지면서 독립견종이 되었다.

지성과 고상함이 넘치는 이 견종은 주인에게 복종하고 가족에게도 깊은 애정으로 대한다. 하지만 다소 신경질적인 면이 있어 신뢰관계가 무너지면 반항적으로 나오거나 움츠러드는 경우도 있다. 덧붙여 같은 먼스터랜더의 이름을 가진 클라이네 먼스터랜더와는 다른 계통이며, 성격에도 다소 차이가 있다.

조렵견 출신이라 매우 많은 운동량이 필요한 만큼 넓은 공간에서 자유운동을 시키는 것이 가장 좋지만, 그런 곳이 없다면 장시간의 운동을 겸한 산책으로 보충해주도록 한다.

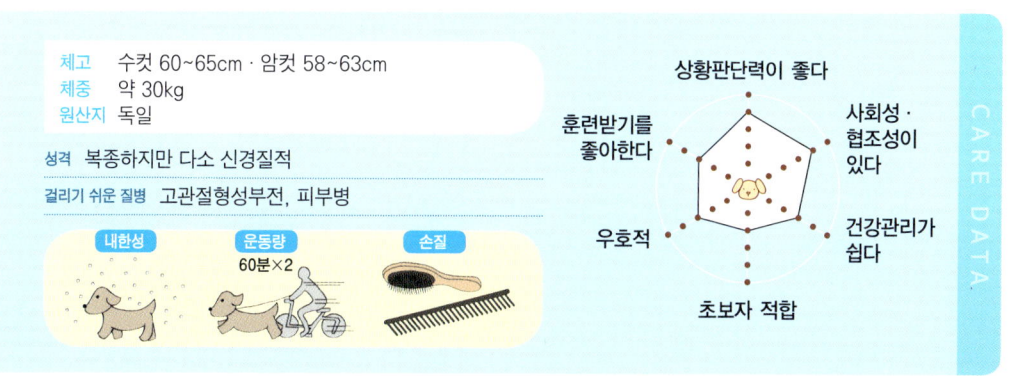

저먼 쇼트헤어드 포인터
German Shorthaired Pointer

독일에서 가장 인기 있는 조렵견

활동적인 장난꾸러기

독일에서 가장 인기가 높은 포인터이다. 조렵견이지만 미국너구리나 토끼, 사슴 등 모든 동물 사냥에 이용되며 발가락 사이에 큰 물갈퀴가 있어서 수영이 능숙하다.

매우 다정하고 온순해서 개를 아는 사람들이라면 매우 좋아하는 반려견이기도 하며 즐겁게 생활하는 것을 기쁨으로 느끼기 때문에 항상 뭐 재밌는 일이 없는지 냄새를 맡고 다닌다. 때로는 그 즐거운 일이 짓궂은 장난이 되기도 하지만 그것은 애교로 봐주도록 하자.

운동량이 매우 많이 필요하므로 가능한 자유롭게 운동할 수 있는 공간이 있다면 그 공간을 활용하고, 무리라면 장시간 산책을 시켜주도록 한다.

신경 쓰이는 냄새를 맡으면 집요할 정도로 추적하는데, 이것도 스트레스를 발산하는 데 도움이 되니 잠시 따라가주면 좋을 것이다.

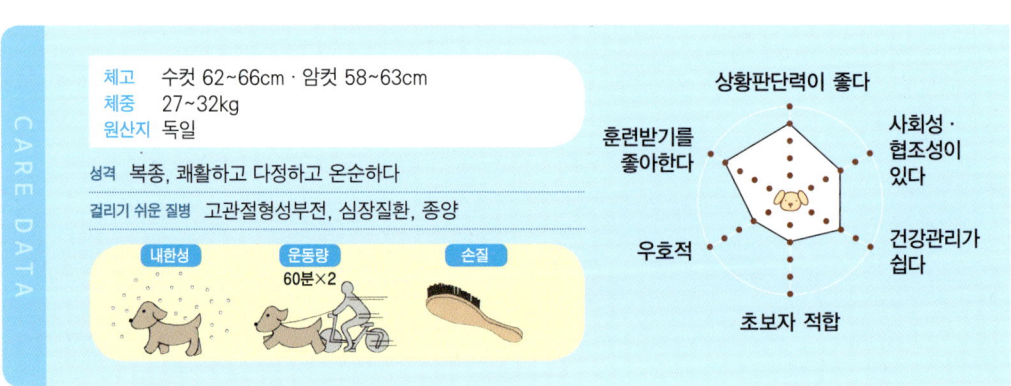

컬리 코티드 리트리버

Curly Coated Retriever

온몸이 컬헤어인 수중작업견

물놀이를 매우 좋아하는 쾌활한 리트리버

전신이 멋진 컬헤어로 감싸여 있어 기품마저 느껴지는 견종이다. 사냥꾼이 잡은 오리 등의 사냥감을 물속에서 회수하기 위해서 만들어졌는데, 아이리시 워터 스패니얼이나 래브라도 리트리버의 피가 섞여 있는 것으로 보인다.

리트리버답게 사람을 매우 잘 따르고 쾌활하고 온순해서 반려견으로도 즐거운 파트너가 될 것이다. 주인의 명령에

복종하고, 영리해서 훈련의 이해가 빠르므로 다양한 일을 해낼 수 있다.

온순한 성격이며 소란을 피우는 일은 거의 없지만, 물에 들어가면 워터 스패니얼의 피가 끓는지 물 만난 고기처럼 마냥 즐겁게 뛰어 논다.

킹 찰스 스패니얼
King Charles Spaniel

영국 왕이 국민보다 더 사랑했던 개

작지만 충성심은 사람보다 강하다

킹 찰스 스패니얼은 17세기 영국왕 찰스 2세가 국민보다 더 소중하게 여긴 개로 알려져 있으며 매일 이 개를 데리고 산책해 견종명마저도 그 이름이 되었다.

다정하고 온순한 동반견으로, 주인에 대한 충성심은 혀를 내두를 정도이다. 주인을 극진히 사랑하고 무슨 일이 있든 함께 있는 것을 기쁨으로 느끼기 때문에 아무리 즐겁게 놀고 있다가도 반려인이 부르면 즉시 달려간다.

코끝이 눌려 있어 더위에 약한 만큼 온도관리에 신경 써야 하는 번거로움이 있지만 상황판단이 가능하고 훈련의 이해도 좋아서 초보자가 키우기 쉽다.

노르웨이안 엘크하운드

Norwegian Elkhound grey

견종번호 242
중형견 | 그룹 5

늑대사냥에서 활약했던 노르웨이의 국견

우렁찬 목소리로 이상을 알리는 번견

약 5000년 전부터 스칸디나비아 반도에서 엘크라 불리는 큰사슴사냥에 활약하던 견종이다. 사냥 외에 번견으로도 활약했던 이 견종은 현재 노르웨이의 국견이다.

경계심이 강해서 수상한 소리나 사람을 보면 크게 짖어 주인에게 이상을 알리는 등 번견의 소질이 충만하다. 가족에게는 철저하게 복종하고 충성심이 강하며, 안심할 수 있는 상대는 처음 만나더라도 잘 따른다.

체격은 중형견으로 분류되지만 운동량은 대형견 못지않게 매우 많이 필요해 넓은 공간이 있다면 좋겠지만 대부분의 가정에서는 공간 확보가 어려우므로 장시간의 산책과 안전한 광장에서 자유운동이나 구보 등을 시키는 것이 좋다.

체고 수컷 52cm 전후 · 암컷 49cm 전후
체중 20~23kg
원산지 노르웨이

성격 복종하고 사람을 잘 따르지만 성격이 강하고 경계심이 강하다
걸리기 쉬운 질병 망막위축증, 피부병

내한성 | 운동량 60분×2 | 손질

CARE DATA
상황판단력이 좋다
사회성·협조성이 있다
건강관리가 쉽다
초보자 적합
우호적
훈련받기를 좋아한다

노바 스코샤 덕 톨링 리트리버
Nova Scotia Duck Tolling Retriever

견종번호 312
중형견 그룹 8

비단처럼 매끄러운 털의 소유자

한국의 주택에서도 키울 수 있는 사이즈

캐나다의 노바 스코샤 반도 출신으로, 레바 색의 플랫코티드를 닮은 견종을 기초로 코카 스패니얼과 아이리시 세터를 교배해서 만들어냈다고 알려져 있다. 리트리버 중에서는 초소형이며, 중형견으로 분류된다.

활발하고 영리하며 주인에게 복종한다. 몸은 작아도 훈련의 이해가 빠르고 리트리버의 장점들을 겸비했다. 게다가 중형견인 만큼 반려견으로서는 최적이라고 할 수 있다.

추위에서 몸을 보호하는 약간 긴 털은 환모기에 특히 공들여 빗질해야 한다. 하지만 운동은 생각보다 많이 필요하지 않아서 아침저녁으로 매일 30분 정도씩 산책시켜주면 충분하다.

CARE DATA

체고　수컷 45.5~53.5cm · 암컷 42.5~50.5cm
체중　수컷 20~30kg · 암컷 17~20kg
원산지　캐나다

성격　복종하고 다정하지만 고집스러운 면도 있다
걸리기 쉬운 질병　피부병, 관절질환

내한성　운동량 30분×2　손질

상황판단력이 좋다
훈련받기를 좋아한다
사회성·협조성이 있다
우호적
건강관리가 쉽다
초보자 적합

홋카이도견(아이누견)

Hokkaido

견종번호 261
중형견 | 그룹 5

아이누인이 키우던 일본 최북단의 개

곰과도 맞서 싸우는 용감무쌍한 개

일본개 중에서 가장 북단에 살던 견종이다. 오래전 토호쿠 지방에서 홋카이도로 건너온 마타기견이 선조이며, 아이누인들이 큰곰 사냥에 이용하던 엽견이라는 데서 아이누견이라는 별명도 있다.

혹독한 환경 속에서 주인과 고락을 함께했기 때문일까? 매우 충성심이 강하고, 큰곰에게 맞서 싸울 만큼 용맹하다. 또 고독한 환경에서도 명령을 수행할 정도로 인내심도 천하일품이다.

그 성격은 홋카이도견에게도 이어져 수상한 소리나 낯선 침입자에게는 격렬하게 짖어 주인에게 알리는 동시에, 경우에 따라 공격적으로 돌변하는 믿음직스러운 번견이다. 1937년에 일본의 천연기념물로 지정되었다.

체고   수컷 48.5~51.5cm · 암컷 45.5~48.5cm
체중   20.5~29.5kg
원산지 일본(홋카이도)
성격   충성스럽고 참을성이 강하고 용감무쌍
걸리기 쉬운 질병 피부병

내한성 | 운동량 30분×2 | 손질

CARE DATA
상황판단력이 좋다
훈련받기를 좋아한다
사회성·협조성이 있다
우호적
건강관리가 쉽다
초보자 적합

견종번호 188
대형견 그룹 10

슬루기
Sloughi

유목민이 소중히 여기던 아라비아의 그레이하운드

사회성 좋은 고딕 타입의 개

비슷하게 생긴 살루키의 털이 없는 타입으로 생각할 수 있다. 북아라비아의 유목민들이 소중히 여기던 개로 상당히 오랜 역사를 가졌다. 20세기 초 개체수가 급감해 멸종위기에 처했다가 1960년대부터 계획적인 번식이 이루어지면서 가까스로 멸종을 모면했다. 하지만 현재도 개체수가 적어서 해외에서도 희귀한 견종이다.

원래 엽견으로 활약하며 유목민을 돕던 견종인데, 주인에게는 물론 가족에게도 복종하고 협조적이며 어린이들이나 다른 애완동물에게도 다정해 의외로 반려견의 소질을 갖고 있다. 많은 운동량이 필요해 넓은 공터에서 자유롭게 놀게 하는 것이 좋은데, 불가능하다면 자전거 반주나 매일 구보운동을 시켜서라도 커버해야 한다.

CARE DATA

체고　수컷 66~72cm · 암컷 61~68cm
체중　20~27kg
원산지　모로코

성격　다정하고 가족이나 다른 애완동물에게 동료의식이 강하다
걸리기 쉬운 질병　골절, 피부병, 관절질환

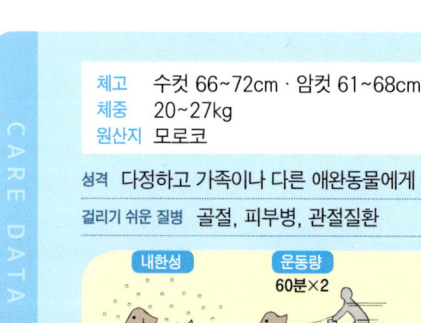

내한성　운동량 60분×2　손질

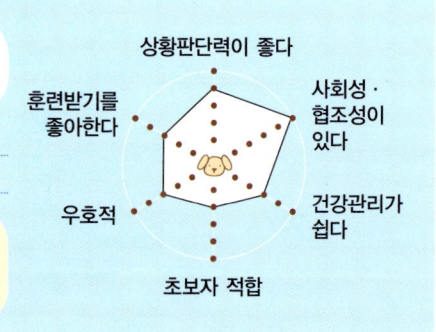

상황판단력이 좋다
사회성·협조성이 있다
건강관리가 쉽다
초보자 적합
우호적
훈련받기를 좋아한다

스페니시 마스티프
Spanish Mastiff

견종번호 91
대형견 | 그룹 1

2000년 전 스페인에 온 호양견

체구는 크지만 행동은 민첩

다른 마스티프와 마찬가지로 듬직하고 늠름한 이 마스티프는 약 2000년 전 스페인에 온 것으로 추정할 만큼 오랜 역사를 가졌다. 가까운 지역에 서식하는 장모종의 피레네 마스티프와 관계있어 보이며, 과거 스페인에서는 양 등의 가축을 지키는 호양견으로 일했다.

용기 있고 냉정하며 주인을 생각하는 마음이 지극한 복종적인 견종이다. 하지만 산책 중에 맘에 들지 않는 개가 있으면 커다란 몸에 어울리지 않게 민첩한 동작으로 달려드는 경우가 있다. 덩치만큼이나 파워가 있으므로 반려인은 확실하게 컨트롤할 수 있어야만 한다.

몸이 크고 체중이 나가는 만큼 건강한 골격과 근육을 육성시키지 않으면 관절질환에 걸리기 쉽다.

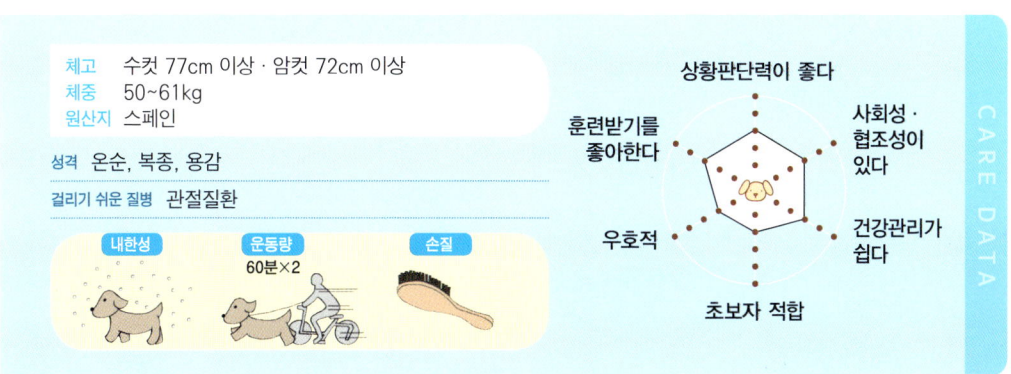

타이 리지백 도그

견종번호 338
중형견 그룹 5

Thai Ridgeback Dog

거꾸로 선 등의 털이 특징인 고대의 개

조용하고 경계심이 강하다

고대부터 존재해왔던 견종으로 추정되는데, 태국에서는 최소한 350년 이상은 된 고문서에도 기록이 남아 있으며, 태국 주변의 섬들이 아직 대륙과 이어져 있던 시기의 지층에서 비슷하게 생긴 개의 화석이 발견되었다. 고대의 분위기가 풍기는 외모는 지능이 높아 보이고 조용한 성격이므로 시끄럽게 짖는 일도 없다. 복종이라기보다 주인을 깊게 신뢰하고, 주인 생각이 극진하다. 경계심이 강해서 수상한 소리나 사람에게는 심하게 짖어 위협하므로 믿음직스러운 번견이 될 것이다.

등에는 머리부터 둔부에 걸쳐 거꾸로 털이 난 부분(영어로 리지) 때문에 '리지백'이라는 견종명이 붙었다. 체모가 짧아 건강관리가 쉬우며 몸이 튼튼하다.

등털

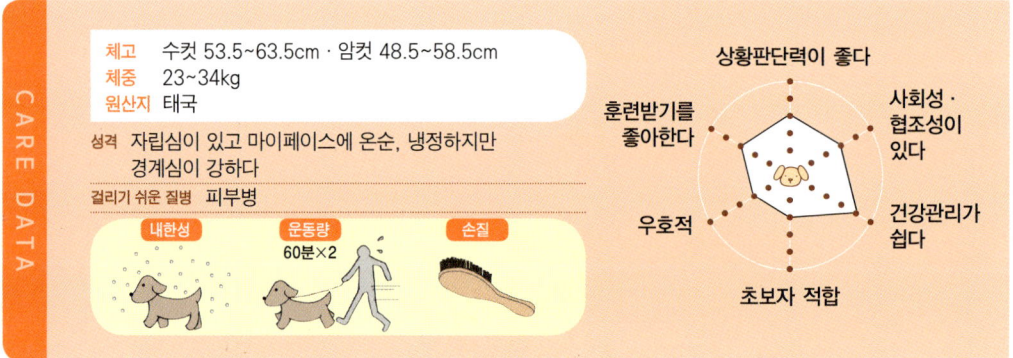

아펜핀셔
Affenpinscher

견종번호 186
소형견 | 그룹 2

언제나 절박하게 움직이는 원숭이 얼굴의 핀셔

응석받이에 소란스러운 개

검고 복슬복슬한 털로 뒤덮인 아펜핀셔는 넓은코원숭이류와 얼굴이 비슷하게 생겼다 해서 '원숭이 같은'이라는 의미의 독일어 '아펜'을 어원으로 하는 견종명이 붙었다.

17세기에 쥐잡이를 하던 독일의 핀셔를 개량한 견종으로, 명랑활발해서 항상 촐랑거리며 돌아다닌다. 호기심이 왕성해서 뭔가에 열중하면 주위를 둘러보지 못하는데, 주인 입장에서는 그것이 장난을 좋아하는 것처럼 보인다. 경계심이 강해서 낯선 사람에게는 필요 이상으로 짖어대는 것으로 보아 다소 겁쟁이 같은 면이 있는 듯하다.

눈에 걸리는 털 때문에 안질환에 걸릴 수 있으니 눈가의 털은 짧게 트리밍해주는 것이 좋다.

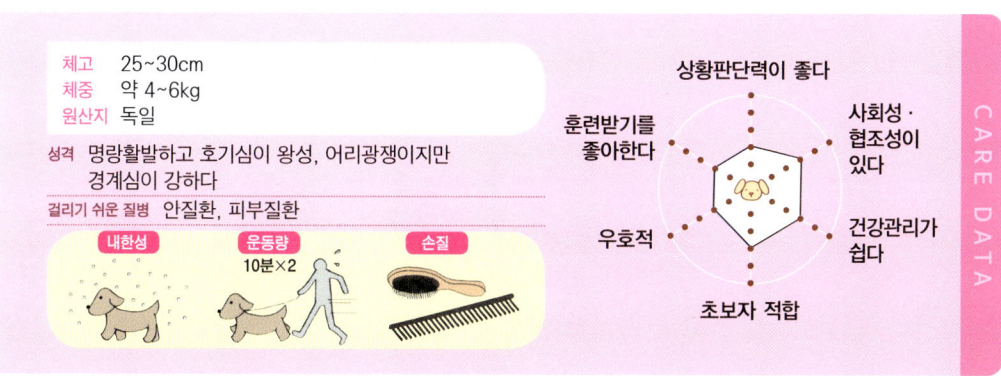

아이리시 테리어
Irish Terrier

견종번호 139 / 중형견 / 그룹 3

아일랜드 남부의 용감한 테리어

자립심이 강하고 공격성이 있다

아일랜드 남부의 코크 주가 원산지인 테리어로 상당히 오랜 역사를 가졌다. 1875년에 현재의 스타일로 확립되어 오소리나 쥐사냥 등의 엽견으로 키워졌다.

납득하지 못하면 명령에 따르지 않을 만큼 자립심이 강하고, 다른 개에게 갑자기 공격적인 태도를 보이거나 싸움을 걸기도 한다. 반려가족에게는 충성스럽고 애정이 깊고 다정하지만 꽤 까다로운 견종이기 때문에 초보자가 사육하기는 힘들다.

체력이 있고 파워풀하게 행동하지만 운동량이 많이 필요하지는 않아 매일 30분의 산책 정도면 납득할 것이다. 운동량이 부족해 보이면 몇 가지 코스를 매일 바꿔가며 산책을 즐길 수 있도록 해주면 좋다.

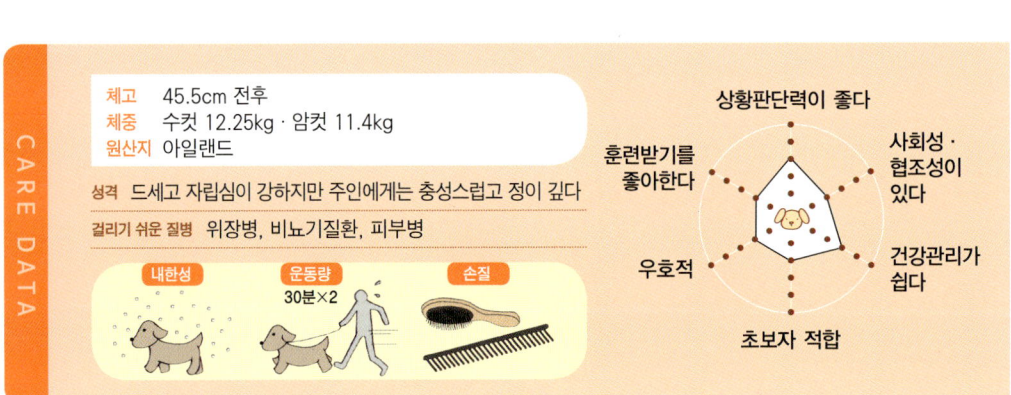

CARE DATA

- 체고: 45.5cm 전후
- 체중: 수컷 12.25kg · 암컷 11.4kg
- 원산지: 아일랜드
- 성격: 드세고 자립심이 강하지만 주인에게는 충성스럽고 정이 깊다
- 걸리기 쉬운 질병: 위장병, 비뇨기질환, 피부병

내한성 / 운동량 30분×2 / 손질

- 상황판단력이 좋다
- 사회성·협조성이 있다
- 건강관리가 쉽다
- 초보자 적합
- 우호적
- 훈련받기를 좋아한다

벨지안 그리펀
Belgian Griffon

견종번호 81
소형견 | 그룹 9

까다롭게 생겼지만 명랑하고 지적인 개

앞으로 인기가 높아질 견종

벨지안 그리펀과 브뤼셀 그리펀, 쁘띠 브라바콘의 역사적인 구별은 확실하지 않지만 1880년 브뤼셀의 도그쇼에 처음 등장한 브뤼셀 그리펀을 기초로 보고 있다.

벨기에 삼형제 중 블랙 앤 탄의 견종이다. 미국에서는 이 세 견종을 통틀어 브리셀 그리펀으로 공인하고 있지만, FCI에는 각자 별개의 견종으로 공인하고 있다. 까다롭게 생긴 얼굴이지만 매우 명랑하고 지적이다.

낯선 사람에게는 다소 긴장하는 편이지만 곧 마음을 열며 한국의 주택사정에서도 충분히 키울 수 있는 견종이다.

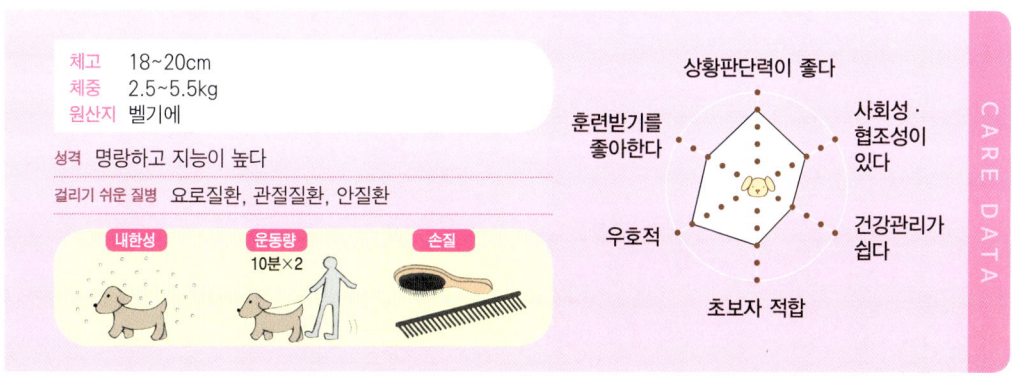

스무스 콜리
Smooth Collie

견종번호 296 · 대형견 · 그룹 1

영국의 엽견 콜리의 단모 타입

배려심 있는 온순한 개

이름에서 알 수 있듯이 콜리의 스무스 타입이다. 하지만 그레이하운드의 피도 섞여 있어서 러프 콜리보다 쾌활한 면이 두드러진다. 본래 목양견 일을 했는데 엽견의 소질이 보이자 주력을 향상시키기 위해 19세기 초엽 그레이하운드와 교배시켰다.

언제나 활발하고 온순하다. 가족에게는 배려심이 깊고 다정하므로 안심하고 아이들의 놀이상대를 맡길 수 있다.

운동을 매우 좋아하니 장시간 놀이를 혼합한 산책을 시켜주는 것이 이상적이다. 정확한 상황판단이 가능하고 영리해서 다양한 것을 금세 익히는 등 훈련시키기 쉬운 견종이다.

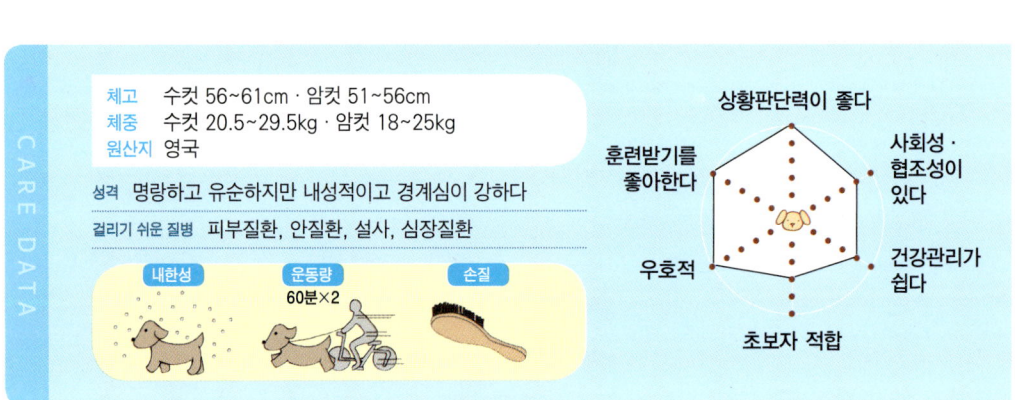

CARE DATA

- 체고: 수컷 56~61cm · 암컷 51~56cm
- 체중: 수컷 20.5~29.5kg · 암컷 18~25kg
- 원산지: 영국
- 성격: 명랑하고 유순하지만 내성적이고 경계심이 강하다
- 걸리기 쉬운 질병: 피부질환, 안질환, 설사, 심장질환
- 내한성 / 운동량 60분×2 / 손질

상황판단력이 좋다 / 사회성·협조성이 있다 / 건강관리가 쉽다 / 초보자 적합 / 우호적 / 훈련받기를 좋아한다

스무스 폭스 테리어
Smooth Fox Terrier

견종번호 12
소형견 | 그룹 3

와이어 폭스 테리어의 단모 타입

작지만 파워풀한 개

와이어 폭스 테리어의 스무스 타입 모질로, 와이어 폭스 테리어의 원형인 견종이다. 조상은 파슨 러셀 테리어의 토대가 되기도 했던 견종으로 추정된다.

테리어 중에서 가장 테리어답고 다른 개에게 다소 공격적인 면이 있어서 자기보다 큰 개에게도 용감하게 돌진한다.

주인에게는 복종하고 어리광부리지만 뭔가에 열중하면 명령을 무시하고 몰입하는 경향이 있으니 자칫 사고로 이어지지 않도록 확실하게 컨트롤해줘야 한다.

지칠 줄 모르고 활동적인 견종이라 자전거 반주에 의한 구보를 태연하게 따라오지만, 관심 가는 것을 발견하면 갑자기 멈춰서기도 하므로 주의해야 한다.

체고 39cm 이하
체중 수컷 7.3~8.2kg · 암컷 6.8~7.7kg
원산지 영국
성격 복종, 정이 깊지만 공격적인 면도 있다
걸리기 쉬운 질병 관절질환, 피부질환

내한성 | 운동량 30분×2 | 손질

CARE DATA
- 상황판단력이 좋다
- 훈련받기를 좋아한다
- 사회성·협조성이 있다
- 우호적
- 건강관리가 쉽다
- 초보자 적합

시코쿠견
Shikoku

견종번호 319
중형견 | 그룹 5

험악한 산악지대에서 순종의 피를 지켜온 일본개

평생 충성심을 발휘

주인에게 충성심이 두터운 일본견 특유의 성질을 가진 시코쿠견은 다른 일본견처럼 곰을 사냥하는 마타기견으로 활약했다. 험준한 산악지대에서 오랜 세월 격리된 상태로 산 덕분에 순종의 피를 지킬 수 있었는데 홋카이도견과 마찬가지로 1937년에 천연기념물로 지정되었다.

매우 충성스러워서 언제라도 명령을 기다리듯 주인 곁을 맴돌며, 고독한 환경에서도 주인이 돌아올 것을 믿고 인내심 있게 계속 기다린다. 경계심이 강해서 부재중인 가족과 재산을 지켜주는 믿음직스러운 번견이 될 것이다.

중형견이지만 상당한 운동량이 필요하므로 장시간의 산책을 시켜야 한다. 산책 중에는 구보와 자유운동 등을 섞어주는 것이 좋다.

CARE DATA

체고 수컷 49~55cm · 암컷 46~52cm
체중 15~20kg
원산지 일본(고치 현의 산악지대)

성격 인내심이 많고 주인에게 충실하고 경계심이 있다
걸리기 쉬운 질병 알레르기 질환

내한성 | 운동량 30분×2 | 손질

상황판단력이 좋다
훈련받기를 좋아한다
사회성·협조성이 있다
우호적
건강관리가 쉽다
초보자 적합

쁘띠 브라바콘
Petit Brabancon

견종번호 82
소형견 | 그룹 9

브뤼셀 그리펀의 스무스 타입

명랑하고 지성적인, 가족을 생각하는 인기견

명랑한 성격으로 언제나 가족을 치유해주는 익살스러운 개다. 지성적이며 때때로 철학자 같은 표정을 짓는다.

확실한 것은 알 수 없지만 브뤼셀 그리펀과 퍼그를 교배해 만들어낸 스무스코트 타입이 쁘띠 브라바콘이다. 캐릭터성이 강해서 미국의 코미디드라마에 출연하면서 인기견이 되었다.

사이즈도 적당하고 모질도 좋아 키우기 쉬운 견종이지만, 얼굴 주변의 케어에 신경 써야 한다. 특히 식후에는 입 주변을 깨끗이 닦아서 청결을 유지하는 것이 중요한데, 더러워진 채 내버려두면 피부병이 발생할 수도 있다.

운동은 실내놀이만으로 충분하지만 가능한 매일 단시간의 산책으로 기분전환을 시켜주는 것이 좋다.

잉글리시 포인터
English Pointer

견종번호 1 / 대형견 / 그룹 7

사냥꾼에게 사냥감의 위치를 알려주는 개로 유명

영국을 대표하는 건 독

주인에게는 잘 복종하고 충성스러운 견종이다. 영리하고 쾌활하며 사회성이 있어서 누구와도 잘 지내는데, 특히 노는 것을 매우 좋아한다. 놀기 좋아하는 성격을 이용해 훈련시키면 빠르게 흡수해 명랑한 반려견으로 성장할 것이다.

조상은 16세기에 이베리아 반도에서 온 개로 추정되며, 그 후 다른 포인터 등과의 교배를 거쳐 현재는 영국을 대표하는 엽견이 되었다.

포인터는 사냥감을 발견하면 한쪽 다리를 들고 꼬리를 뻗는 독특한 자세로 헌터에게 사냥감의 위치를 알리는데, 사냥꾼이 신호를 보낼 때까지 그 자세를 유지하는 것으로 알려져 있다.

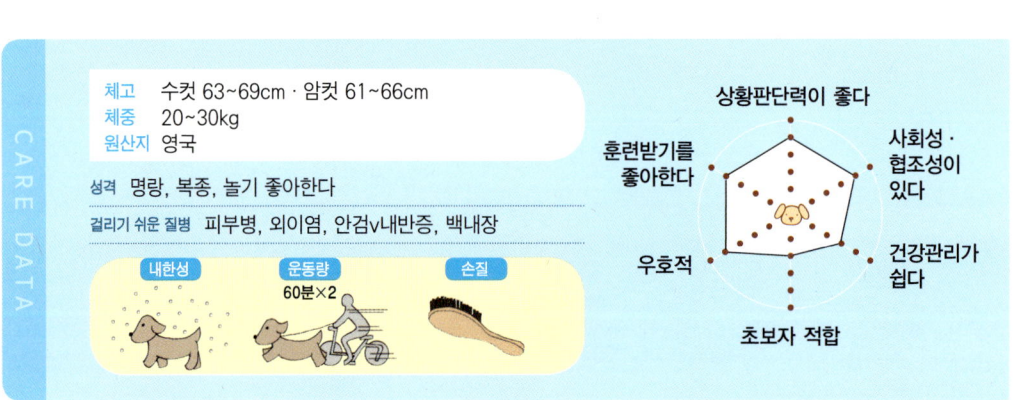

CARE DATA

- 체고: 수컷 63~69cm · 암컷 61~66cm
- 체중: 20~30kg
- 원산지: 영국
- 성격: 명랑, 복종, 놀기 좋아한다
- 걸리기 쉬운 질병: 피부병, 외이염, 안검v내반증, 백내장
- 내한성
- 운동량: 60분×2
- 손질

- 상황판단력이 좋다
- 사회성·협조성이 있다
- 건강관리가 쉽다
- 초보자 적합
- 우호적
- 훈련받기를 좋아한다

도고 아르헨티노
Dogo Argentino

견종번호 292
대형견 · 그룹 2

남미에서 자란 아르헨티나의 마스티프

사육 초보자는 제어하기 힘든 견종

조상은 스페인에서 남미로 건너온 투견으로 1920년 이후 계획적으로 번식되었고, 1973년에 아르헨티나가 원산지인 개로서는 최초로 FCI에 공인되어 아르헨틴 마스티프라고도 불린다.

겁이 없고 자신감 넘치는 성격이 표정에도 드러날 정도이며 그 자신감 때문인지 낯선 사람에게는 전혀 상대하지 않겠다는 식으로 행동한다. 성격이 거친 이 도고 아르헨티노는 반항하는 것에는 공격적이지만, 주종관계가 확실하게 구축된 주인에게는 믿을 수 없을 만큼 복종한다.

사육초보자는 이 개를 컨트롤하기 어렵고, 상급자도 건성으로 하면 훈련시키지 쉽지 않아 상당한 각오가 필요한 견종이다.

디어하운드
Deerhound
견종번호 164 / 대형견 / 그룹 10

블루그레이의 피모가 아름다운 사슴사냥용 하운드

야외를 좋아하는 자연아

스코틀랜드의 하이랜드 지방에서 팔로지카라는 사슴사냥 전용으로 활약하던 대형 견종이다. 견종명의 '디어'는 사슴을 의미한다. 사슴의 감소와 함께 멸종위기에 있었지만 반려견으로 행보가 바뀌면서 인기를 되찾았다.

실외 생활이 기본이었기 때문에 추위에 강하고 성미가 거칠지만, 쓸데없이 짖지 않는다. 아이들에게도 참을성을 발휘해 다정하므로 훈련만 잘 받는다면 멋진 반려견이 될 것이다.

초대형견인 만큼 고관절형성부전이 발견되기 쉬우니 매일 장시간의 당김운동과 안전한 광장에서의 자유운동을 통해 건강한 다리와 허리 만들기에 힘써야 한다.

CARE DATA
- 체고: 수컷 76cm 이상 · 암컷 71cm 이상
- 체중: 수컷 약 45.5kg · 암컷 약 36.5kg
- 원산지: 영국(스코틀랜드)
- 성격: 다정하고 온순하고 복종
- 걸리기 쉬운 질병: 고관절형성부전, 위염전, 안질환
- 내한성 / 운동량 60분×2 / 손질

푸미
Pumi

견종번호 56 · 소형견 · 그룹 1

헝가리에서 태어난 곱슬털의 목축견

24시간 번견 상태

마치 인형처럼 귀엽게 새겼지만 실제로는 상당히 경계심이 강한 푸미는 테리어의 피가 섞여서인지 침착하지 못하고 촐랑거린다. 또 낯선 사람에게는 마음을 허락하지 않고 끝까지 짖어댄다.

동향에서는 드레드헤어를 한 푸리와 공통된 역사가 있는데, 1920년 독립견종으로 인정되었다.

컬헤어는 털빠짐이 적고, 매일 간단한 브러싱만 하면 되므로 손이 많이 가지 않지만 사소한 소리에도 항상 짖어대기 때문에 다세대 주택에는 맞지 않는 견종이다.

체고　수컷 41~47cm · 암컷 38~44cm
체중　수컷 10~15kg · 암컷 8~13kg
원산지　헝가리

성격　호기심 왕성하고 흥분을 잘하며 드세고 경계심이 강하다
걸리기 쉬운 질병　관절질환, 안질환

내한성 / 운동량 30분×2 / 손질

CARE DATA

- 상황판단력이 좋다
- 훈련받기를 좋아한다
- 사회성·협조성이 있다
- 우호적
- 건강관리가 쉽다
- 초보자 적합

피레니안 마스티프
Pyrenean Mastiff

견종번호 92 | 대형견 | 그룹 2

피레네 산맥에서 양을 지키던 견종

온순하고 복종하는 믿음직한 초대형견

'다정하고 힘센'이라는 말이 딱 들어맞는 이 장모종의 초대형견은 주인에게 매우 순종적인 성격이다. 평소 느긋하게 누워서 쉬는 모습이 마치 커다란 쿠션 같지만 필요 시에는 커다란 체구와 어울리지 않게 민첩하게 행동한다.

옛날에는 피레네 산맥에서 수백 마리의 양떼를 몰며 주인이 의지할 수 있는 파트너로 활약했기 때문에 정확한 상황 판단이 가능해 어려운 명령도 쉽게 완수한다.

운동량이 매우 많이 필요하므로 반려견으로 키우더라도 넓은 공간에서 자유운동을 시키는 것이 좋지만, 깊은 신뢰관계가 있다면 매일 장시간의 산책으로도 괜찮다. 존재감이 강하므로 번견으로서의 활약을 기대할 수 있다.

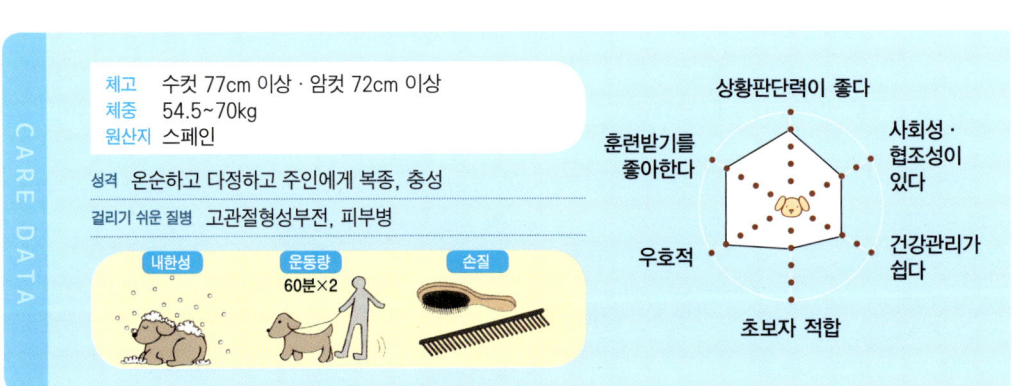

파라오 하운드

Pharaoh Hound

고대 이집트 왕의 무덤에 모습이 새겨진 개

애정 깊은 말타의 국견

근육질의 단단한 몸과 날카로운 얼굴에서는 기품과 다가가기 어려운 분위기가 풍기지만 가족에게 애정이 깊고 온순하며 다정해서 안심하고 아이의 놀이상대를 맡길 수 있다. 또 충성심이 두터워서 주인이 기뻐한다면 무슨 일이라도 해내려 하는 견종이다.

이름에서 알 수 있듯이 고대 이집트의 왕 파라오의 무덤에 이 개와 비슷한 모습이 새겨져 있는데, 그 개가 직접적으로 관계가 있는지는 알 수 없지만 파라오 하운드는 약 2000년 전 무역상이 지중해 말타 섬에 들여왔고, 섬이라는 격리된 환경에서 현재에 이르렀다.

달리는 모습이 아름다운 견종이니 안전한 광장에서 자유롭게 달리는 모습을 많은 사람에게 볼 기회를 줘도 좋을 것이다.

마스티프
Mastiff

견종번호 264
대형견 | 그룹 2

멸종할 뻔한 믿음직스러운 번견 마스티프

매일 장시간의 당김운동이 필요

맹견을 이미지화한 무서운 얼굴이지만, 실제로는 매우 조용한 성격이어서 어지간한 일로는 꿈쩍도 하지 않는다. 주인을 최우선으로 생각하며 주인 곁이라면 어디든 언제든 함께 있고 싶어 한다. 주인에게 위험이 닥치면 민첩하게 행동하며 강한 경계심을 품고 대응한다.

가족이나 재산을 지켜주는 듬직한 번견으로, 견종명도 '번견'을 의미하는 라틴어 마스티프에서 유래되었다.

역사가 매우 오래된 견종으로 제1, 2차 세계대전 때는 멸종 위기에 처했지만 불 마스티프 등과의 교배를 거쳐 가까스로 멸종을 면했다.

평소 조용하고 크게 움직이는 타입은 아니지만, 다리와 허리의 근육을 업시키고 건강 유지를 위해서라도 매일 장시간의 당김운동을 하는 것이 좋다.

아이리시 소프트 코티드 휘튼 테리어

Irish Soft Coated Wheaten Terrier

견종번호 40
중형견 그룹 3

탐구심이 왕성하고 쾌활한 아일랜드 출신 테리어

테리어치고는 온순

농가 등에서 쥐를 잡거나 번견으로 일하던 테리어가 조상이었던 것으로 보인다. 탐구심이 왕성한 점이나 쾌활하고 기운찬 면모는 다른 테리어와 다를 바 없다. 하지만 테리어치고는 온순한 성질이다. 1937년에 아일랜드의 켄넬클럽에, 1943년에는 영국의 켄넬클럽KC에 공인되었다.

반려가족에게는 순종하고 배려심이 있다. 쥐잡이개로 일했기 때문에 여차하면 소형 동물에게 덤벼들기도 하므로 다른 애완동물과는 각각 돌보는 것이 무난하다.

눈에 걸리는 털은 눈병의 원인이 될 수 있으니 눈에 들어가기 전에 트리밍해주는 것이 좋다.

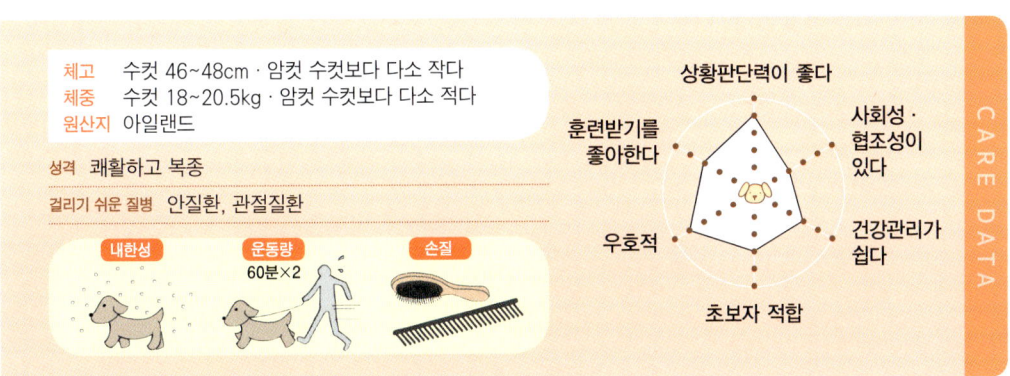

견종번호 6	
대형견	그룹 7

고든 세터
Gordon Setter

고든 공작이 만들어낸 가장 큰 세터

무슨 일이든 열심히 파고든다

1820년대에 탄생한 스코틀랜드 유일의 조렵견이다. 당시에는 블랙 앤 탄 세터라는 이름으로 불리다가 작출자인 고든 세터의 이름을 따서 개명되었다. 모든 세터 견종 중 가장 크다. 세터답게 평소에는 매우 쾌활하고 호기심이 왕성하지만 좋아하는 반려인에게는 헌신적이고 충성스럽다. 맡은 일은 열심히 파고들어 끝까지 해낸다. 반려가족에게 애정이 깊고 배려심이 있어 아이의 놀이상대로도 손색이 없다.

균형이 잘 잡혀 있고 키우기 쉽지만, 매우 많은 운동량이 필요하다.

CARE DATA

체고 수컷 66cm · 암컷 62cm
체중 수컷 29.5kg · 암컷 25.5kg
원산지 영국(스코틀랜드)

성격 쾌활, 충성스럽고 호기심이 왕성하다
걸리기 쉬운 질병 고관절형성부전, 내분비질환, 피부병

내한성 / 운동량 60분×2 / 손질

- 상황판단력이 좋다
- 사회성·협조성이 있다
- 건강관리가 쉽다
- 초보자 적합
- 우호적
- 훈련받기를 좋아한다

저먼 와이어헤어드 포인터
German Wirehaired Pointer

견종번호 98
중형견 | 그룹 7

지금도 현역에서 활약하는 와일드한 엽견

반려견으로 키우려면 고난을 각오해야

독일을 비롯한 유럽에서는 현역 엽견으로 활동하고 있는, 파워가 넘치고 와일드한 견종이다. 와이어 헤어의 피모는 부상이나 추위 등으로부터 몸을 지키기 위해서 실용적인 개량이 가해졌고 19세기 초까지 귀족만의 스포츠였던 사냥이 일반인에게도 확대되면서 세상에 알려졌다.

가족에는 복종하며 다정한 면이 있지만 그것은 새끼 때부터의 친밀한 커뮤니케이션과 엄격하고 끈기 있는 훈련의 성과일 뿐 일반인이 쉽게 사육할 수 있는 견종이 아니다.

파워풀한 저먼 와이어헤어드 포인터는 항상 운동을 해야 하는 견종이므로, 가벼운 산책만으로는 스트레스를 발산할 수 없으니 장시간의 운동을 함께할 각오가 되어 있어야 한다.

체고 수컷 61~68cm · 암컷 57~64cm
체중 20~34kg
원산지 독일
성격 용감하고 기운이 넘치며 주인에게는 복종
걸리기 쉬운 질병 관절질환, 안질환

피레니안 십독
Pyrenean Sheepdog

견종번호 ※주 | 중형견 | 그룹 1

프랑스에서 오래전부터 존재했던 지적이고 영리한 개

활발하고 똑똑하고 순종적인 중형 목양견

스무스 페이스드(별명 파스 라스)

털이 긴 타입과 얼굴 부분의 털이 짧은 러프 타입이 있다. 토대가 된 것은 러프 타입으로, 기원은 확실하지 않지만 프랑스에서는 상당히 오래된 견종 중 하나로 1893년에 피레니안 십독에 대한 기록이 있다.

지능이 높고 영리하고 순종적이어서, 중형이기는 하지만 목양견으로 활약했고 1916년에는 프랑스 육군에서 부병 간의 연락을 취하는 '전령'으로도 활약했다. 가족에게는 애정이 깊지만 집요하게 달라붙는 것을 싫어하므로, 어린아이에게는 주의가 필요하다.

많은 운동량이 필요하므로 매일 산책 외에도 가능하면 자유롭게 놀 수 있는 공간이 있는 것이 바람직하다.

롱헤어드(별명 베르제 데 피레네)

CARE DATA

- **체고**
  - 스무스 페이스드: 수컷 40~54cm · 암컷 40~52cm
  - 롱헤어드: 수컷 40~48cm · 암컷 38~46cm
- **체중** 12kg
- **원산지** 프랑스
- **성격**
  - 스무스 페이스드: 지적이고 깊은 애정의 소유자
  - 롱헤어드: 활발하지만 다소 신경질적
- **걸리기 쉬운 질병** 피부병, 안질환
- **내한성** / **운동량** 30분×2 / **손질**

특성: 상황판단력이 좋다 · 사회성·협조성이 있다 · 건강관리가 쉽다 · 초보자 적합 · 우호적 · 훈련받기를 좋아한다

※ 주 스무스 페이스드의 견종번호는 138, 롱헤어드는 141

스카이 테리어

Skye Terrier

견종번호 75
소형견 | 그룹 3

스카이 섬 출신의 인형 같은 테리어

흥분하면 아무도 말릴 수 없다

스코틀랜드의 약간 서북쪽에 있는 스카이 섬과 그 주변 섬이 고향으로, 오소리나 수달사냥을 돕던 스카이 테리어는 16세기에도 존재했다는 기록이 있다.

인형 같은 외모와 짧은 다리로 종종걸음으로 돌아다니는 모습은 몹시 귀여워 저도 모르게 만지고 싶어지는데, 실제로는 경계심이 강한 견종이므로 조심해야 한다. 평소에는 주인에게 충성심이 강하고 활발하고 애교 있게 행동하지만 지나치게 경계심이 강해서 흥분하면 주인조차 말릴 수 없다.

긴 털은 매일 브러싱을 걸러서는 안 되며 털을 정돈하듯 일자빗을 사용해 빗질해 주면 된다. 몸이 튼튼해서 키우기 쉬운 견종이다.

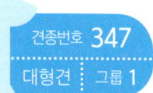

화이트 스위스 셰퍼드 독
White Swiss Shepherd Dog

견종번호 347
대형견 그룹 1

정한하고 아름다운 하얀 셰퍼드

고귀하게 느껴지는 퓨어 화이트

토대가 된 것은 미국이나 캐나다가 원산인 아메리칸 캐나다 화이트 셰퍼드로, 스위스에 수입되어 1966년에야 번식에 성공했다. 원래 유럽에서는 하얀 셰퍼드를 꺼려했는데, 브리더의 노력으로 조금씩 사랑받으면서 2002년 12월 FCI에 공인받았고, 유럽에서도 인기가 높아지면서 널리 퍼졌다.

저먼에 비하면 다소 마른 느낌이지만 청초하고 기품 있는 하얀 모색이 인상적이어서 꽤 인기가 있다. 또 공격적인 면을 억누를 수 있는데다 차분하고 다정하고 온순한 성격이어서 반려견으로 권할 만하다. 하지만 셰퍼드인 만큼 확실하게 훈련을 받아야만 진정한 셰퍼드라고 할 수 있다.

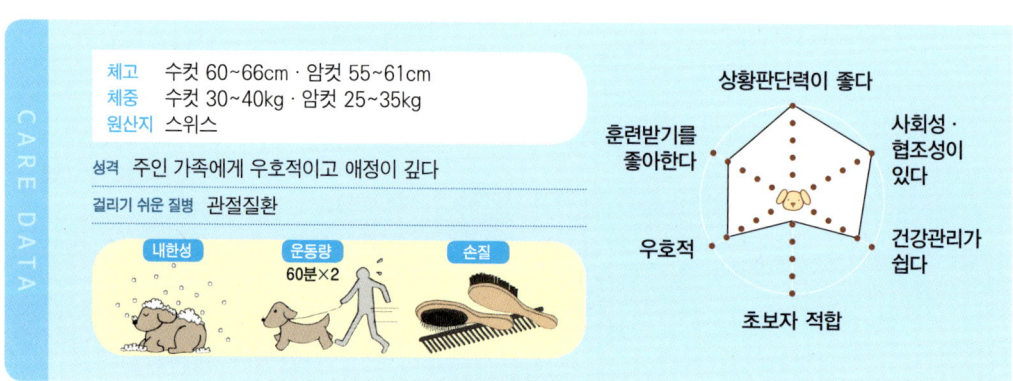

맨체스터 테리어
Manchester Terrier

견종번호 71
중형견 | 그룹 3

스피드 넘치는 블랙 앤 탄

침착성이 있는 오래된 테리어

단모에 스마스한 체형과 윤기 있는 블랙 앤 탄의 컬러가 스피디한 이미지를 나타낸다. 그 이미지대로 운동을 매우 좋아하고 지칠 줄 모르는 테리어이다.

옛날 영국에 존재했던 블랙 앤 탄의 테리어와 휘핏 등의 교배로 탄생한 매우 오래된 견종이다. 예전에는 귀를 세우기 위해 단이를 했는데 영국에서 단이가 금지되면서 인기가 시들었다. 테리어치고는 비교적 침착한 편이며 명랑하고 무는 버릇이 없어 키우기 쉬운 견종이다.

침착하고 활동적이며 운동을 좋아하므로 충분히 시켜주도록 한다. 가능한 넓은 공간에서 키우는 것이 바람직하다.

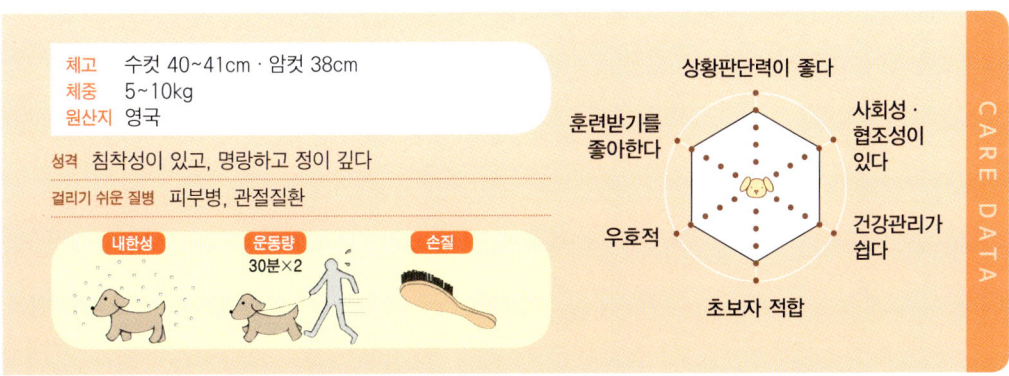

로첸
Lowchen

견종번호 233
소형견 | 그룹 9

사자의 이름을 가진 프랑스의 반려견

훈련시키기 쉬운 영리한 개

미술품의 모델이 되기도 한 로첸은 중세시대부터 유럽에 존재했다. 영어로는 리틀 라이언 도그라는 견종명도 있고, 모국 프랑스에서도 '작은 사자'라는 뜻의 쁘띠 샨 리용이라고 불렸지만, 독특한 트리밍 덕분에 그렇게 불렸을 뿐 사자 같은 성격은 아니다.

쾌활하고 활발한 성격에 주인에게는 충성스럽고 영리하기 때문에 비교적 훈련시키기 쉬운 견종이다. 하지만 다소 고집스러운 면이 있으므로 주인의 리더십과 반려견 사이의 강한 신뢰관계가 필요하다.

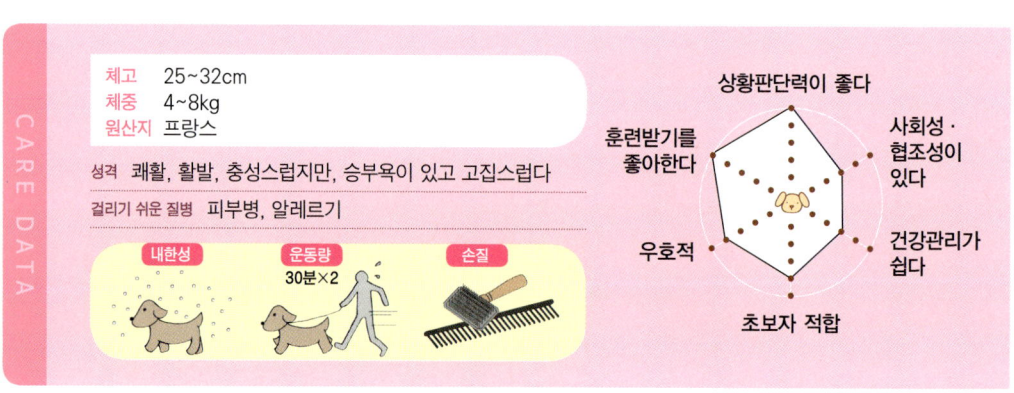

CARE DATA

체고 25~32cm
체중 4~8kg
원산지 프랑스

성격 쾌활, 활발, 충성스럽지만, 승부욕이 있고 고집스럽다
걸리기 쉬운 질병 피부병, 알레르기

내한성 | 운동량 30분×2 | 손질

상황판단력이 좋다
훈련받기를 좋아한다
사회성·협조성이 있다
우호적
건강관리가 쉽다
초보자 적합

오스트레일리안 실키 테리어
Australian Silky Terrier

견종번호 236
소형견 그룹 3

실크처럼 매끄러운 털의 소유자

호기심이 왕성한 건강표 테리어

매끄러운 장모가 아름다운 오스트레일리안 실키 테리어는 요크셔테리어와 오스트레일리안 테리어를 교배시켜 19세기 말에 탄생했다.

외모는 아름답지만 테리어의 피가 흐르는 만큼 호기심이 왕성하고 매우 건강하다. 반려가족과 놀며 항상 함께 있기를 좋아한다. 다소 공격적인 면이 있고 지나치게 흥분하거나 무서움을 느끼면 끝없이 짖어대기도 하니 가능한 감정적이 되지 않도록 키우는 것이 포인트다.

소형견인 만큼 운동량은 많이 필요 없지만 호기심이 왕성하므로 몇 군데 산책코스를 준비해 매일 변화를 주면서 감성을 키우는 것이 좋다. 털은 엉키지 않도록 매일 브러싱으로 정돈해줄 필요가 있다.

CARE DATA

체고 수컷 약 23cm · 암컷 수컷보다 약간 작다
체중 3.5~4.5kg
원산지 오스트레일리아
성격 호기심이 왕성하고 명랑 활발하지만 다소 공격적
걸리기 쉬운 질병 관절질환, 기관허탈, 당뇨병, 수두병

내한성
운동량 10분×2
손질

상황판단력이 좋다
훈련받기를 좋아한다
사회성·협조성이 있다
우호적
건강관리가 쉽다
초보자 적합

벨지안 셰퍼드 독 라케노이즈
Belgian Shepherd Dog Laekenois

컬된 털을 가진 벨지안 셰퍼드

공격성이 적고 쾌활한 개

벨지안 셰퍼드 독 4견종 중 하나로 컬된 헤어가 색다른 모습이다. 상황판단이 뛰어나 훈련을 잘 소화해낸다. 동양에서는 흔히 볼 수 있는 견종이 아니지만 능력으로는 다른 벨지안 셰퍼드에 뒤지지 않는다.

벨지안 셰퍼드 중에 공격성이 가장 적으면서도 경계심이나 주의력이 뛰어난 만큼 가정에서 키운다면 믿음직한 번견이 될 것이다.

옛날 브뤼셀 지방 라켄 성의 여왕이 사랑한 개였던 데서 이름이 유래되었으며 벨지안 셰퍼드 중에서는 가장 마지막으로 19세기 후반에야 알려졌다.

웰시 스프링거 스패니얼
Welsh Springer Spaniel

견종번호 126
중형견 | 그룹 8

영국에서는 부동의 인기를 누리는 반려견

호기심이 왕성하고 민첩한 조렵견

잉글리시 스프링거 스패니얼과 많이 닮았지만 귀 끝에 장식이 없는 것으로 구분할 수 있다. 조상은 14세기까지 거슬러올라가, 잉글리시 스프링거 스패니얼과 코커스패니얼와 같은 조상을 가진 조렵견으로 추정된다. 1570년에 독립견종이 되었지만 세상에 등장한 것은 19세기 후반의 도그쇼에서였다.

명랑활발하고 호기심이 왕성해서 흥미가 있는 것에 대해서는 민첩하게 행동한다. 반려가족에게도 온순한데다 영리하고 사회성이 있어서 사육하기 쉬운 견종이다. 실제로 영국에서는 반려견으로 잉글리시 스프링거 스패니얼 못지않게 인기가 있다.

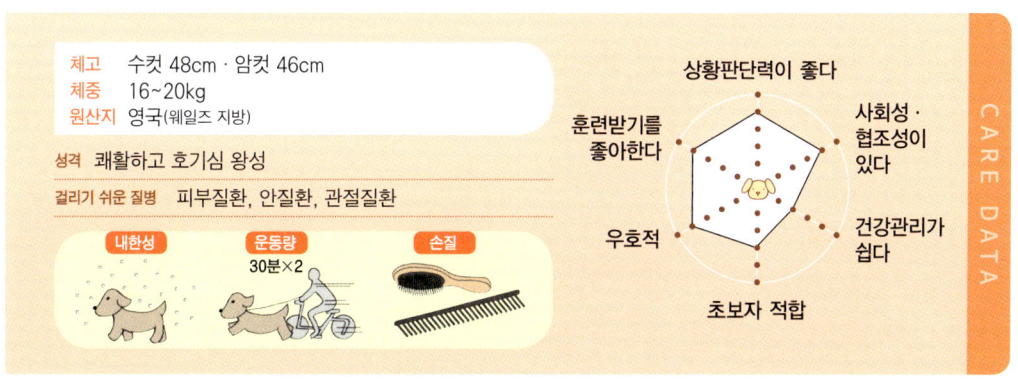

체고 수컷 48cm · 암컷 46cm
체중 16~20kg
원산지 영국(웨일즈 지방)

성격 쾌활하고 호기심 왕성
걸리기 쉬운 질병 피부질환, 안질환, 관절질환

내한성 | 운동량 30분×2 | 손질

CARE DATA

상황판단력이 좋다
사회성·협조성이 있다
건강관리가 쉽다
초보자 적합
우호적
훈련받기를 좋아한다

페루비안 헤어리스 도그
Peruvian Hairless Dog

털이 없는 모습이 인상적인 잉카 제국의 성스러운 개

피부 케어가 사육 포인트

두상의 일부와 꼬리에만 약간의 털이 나 있을 뿐, 다른 부분은 완전히 헤어리스(무모)이다. 차이니즈 크레스티드 도그나 멕시칸 헤어리스 도그 등 다른 무모견과도 관련이 있다. 원래는 남미에서 기원전 300년 전부터 서력 1400년 사이에 존재했던 것으로 보이며, 잉카 제국에서는 성스러운 개로 숭배했다. 기아가 닥쳤을 때는 식용으로도 이용되고, 환자가 생기면 헤어리스 도그를 안아서 온기를 취하기도 했다. 그 후 각지에 전파되어 각자 독자적으로 개량된 것 같다. 크기에 따라 스몰, 미디엄, 라지 세 가지 타입이 있다.

페루비안 헤어리스 도그는 피부의 케어가 사육 포인트다. 한여름의 햇빛에 의한 화상이나 겨울의 건조함에서 보호해야 하고 찰과상 등도 입기 쉬우므로 강아지 전용 스킨크림을 발라주거나 옷을 입혀서 보호하도록 한다.

지능이 높고 가족에게 애정이 깊으며 경계심이 있기 때문에 번견으로서도 믿음직스러운 파트너가 될 것이다.

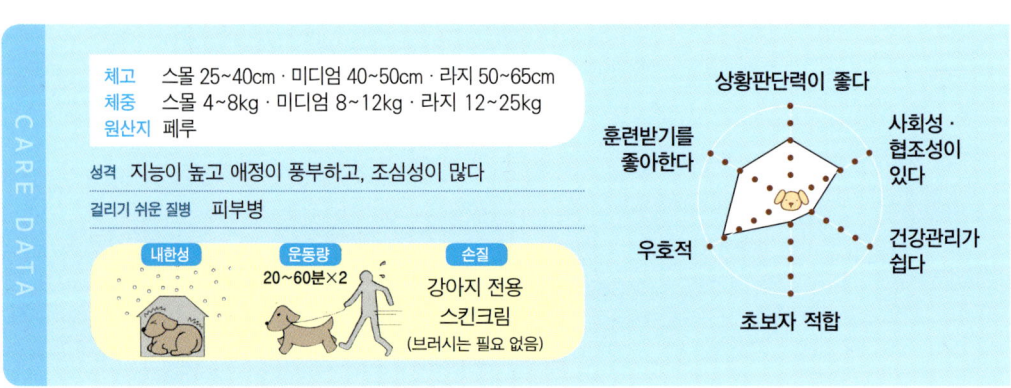

도사견
Tosa

견종번호 260
대형견 그룹 2

투견을 위해 만들어낸 재패니즈 마스티프

맹렬한 파워의 잔인한 전사

처음부터 투견을 목적으로 만들어낸 견종이다. 시코쿠견을 베이스로 마스티프와 불독, 그레이트 데인 등과 교배하여 19세기 전반에 탄생했다. 그 풍모 때문에 해외에서는 재패니즈 마스티프라고도 한다.

투견인 만큼 힘이 매우 세고 자신감이 넘친다. 평소에는 침착하지만 닥치면 끝까

지 철저하게 공격력을 발휘하는 잔인한 전사로 변신한다.

하지만 반려가족에게는 매우 순종적이고 다정하다. 그런 성격은 엄격한 훈련의 결과로 구축된 주인과의 두터운 신뢰관계에서 비롯되므로, 기본적으로 신뢰관계가 형성되지 않는다면 감당할 수 없을 만큼 흉포해진다. 때문에 유감스럽게도 사고가 많이 발생하니 입양했다면 주인의 확실한 자각이 필요하다.

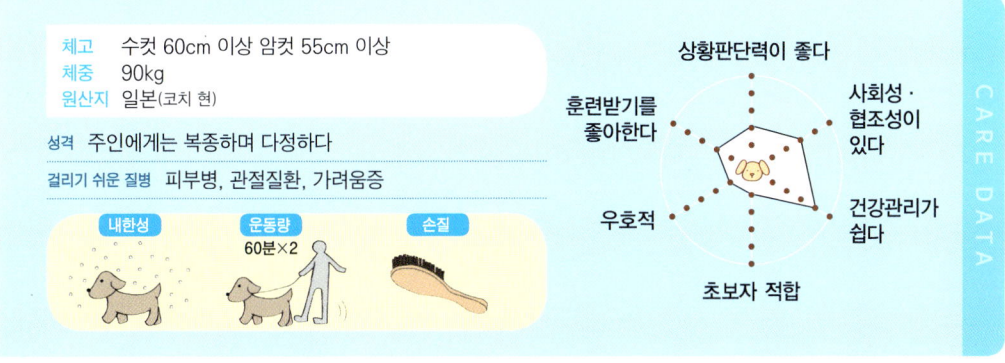

체고 수컷 60cm 이상 암컷 55cm 이상
체중 90kg
원산지 일본(코치 현)
성격 주인에게는 복종하며 다정하다
걸리기 쉬운 질병 피부병, 관절질환, 가려움증

내한성 / 운동량 60분×2 / 손질

CARE DATA
상황판단력이 좋다
사회성·협조성이 있다
건강관리가 쉽다
초보자 적합
우호적
훈련받기를 좋아한다

견종번호 84
대형견 그룹 6

블러드하운드
Bloodhound

순종이라는 뜻의 이름을 가진 벨기에의 하운드

맡은 냄새는 철저히 추적

한번 맡은 냄새는 끝까지 추적하는 실로 엽견다운 엽견인 이 블러드하운드는 고대 로마인을 통해 지중해 각국으로 전파되어 예수 탄생 이전부터 키웠던 것 같다. 오랜 역사 속에서 순수한 피를 지켜온 개로, 견종명 블러드는 이 개의 순종을 뜻한다.

반려가족에게는 지극히 온순하고 충성스럽지만 수상한 소리나 낯선 사람에게는 경계심을 발휘한다. 가정내 사육이 불가능하지는 않지만 방임주의로 키운 블러드하운드는 컨트롤이 불가능하므로 훈련을 확실하게 할 수 있는 반려인만 사육해야 한다.

운동량이 매우 많이 필요하기 때문에 매일 상당한 시간을 산책이나 운동에 할애해야 한다.

CARE DATA

체고   수컷 64~72cm · 암컷 58~64cm
체중   수컷 약 46~56kg · 암컷 약 40~48kg
원산지 벨기에

성격   온순하고 복종, 경계심도 있다
걸리기 쉬운 질병   고관절형성부전, 안검이상, 피부병

내한성   운동량 60분×2   손질

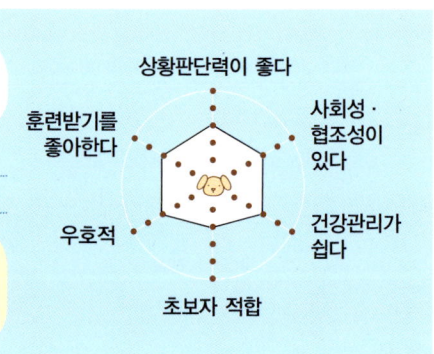

상황판단력이 좋다
훈련받기를 좋아한다
사회성·협조성이 있다
우호적
건강관리가 쉽다
초보자 적합

이비잔 하운드
Ibizan Hound

견종번호 89
대형견 | 그룹 5

적응능력이 뛰어난 스페인의 인기 엽견

조상은 고대 이집트견

원시적이라고 할지 고대견 같은 분위기를 가진 이비잔 하운드는 고향 스페인에서는 포덴코 이제센코라고 불리는데, 스무스와 와이어 타입이 있다. 양쪽 다 본국에서는 인기가 높아 흔히 볼 수 있는 이 개성적인 외모의 개는 5000년도 더 된 고대 이집트 개가 조상이라고 한다.

매우 얌전하고 주인에게 복종하며 가족에게도 깊은 애정으로 대한다. 또 적응능력이 뛰어나 주인과 함께라면 어떤 환경이라도 잘 적응한다. 하지만 특출한 운동능력을 가졌으니 도시의 좁은 환경에서의 사육은 가능한 피하는 것이 좋으며 산책을 할 때도 안전한 광장에서 마음 놓고 신나게 뛰어다닐 수 있도록 운동시키는 것이 바람직하다.

체고 수컷 66~72cm · 암컷 60~67cm
체중 19~25kg
원산지 스페인(바레아레스 제도)
성격 복종하고 영리하고, 정이 많다
걸리기 쉬운 질병 고관절형성부전, 안질환

내한성 | 운동량 60분×2 | 손질

CARE DATA
- 상황판단력이 좋다
- 사회성·협조성이 있다
- 건강관리가 쉽다
- 초보자 적합
- 우호적
- 훈련받기를 좋아한다

저먼 헌팅 테리어
German Hunting Terrier

견종번호 103
소형견 그룹 3

독일의 우수한 헌팅 독

귀여운 얼굴이지만 공격성이 있다

닥스훈트의 와이어 타입과 비슷하게 생긴 저먼 헌팅 테리어는 1800년대에 독일 바이에른 지방에서 폭스 테리어와 블랙 앤 탄 테리어를 교배하여 탄생시킨 것으로 알려져 있는데 독일에서는 사냥개로 유명하다.

귀여운 표정으로 쳐다보는 생김새와 달리 공격성이 있는데, 눈빛을 잘 살펴보면, '이 녀석 수상해, 틈을 보이면 공격해야지'라고 생각하는 것처럼 보인다. 상당한 훈련을 거쳐 주인이 확실하게 컨트롤해야만 반려견으로는 적합하다.

반려인에게 치근거리는 성격이 아니라서 자립심이 강하고 고독한 환경에서도 장시간 견딜 수 있다. 설령 고독하다 해도 가족을 지키려는 의지가 있으므로 반려가족을 위하는 충견으로는 매우 뛰어나다.

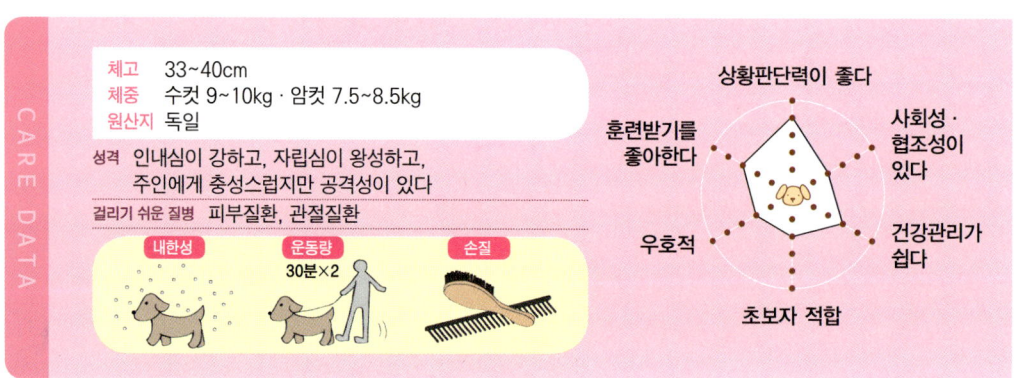

CARE DATA

체고 33~40cm
체중 수컷 9~10kg · 암컷 7.5~8.5kg
원산지 독일
성격 인내심이 강하고, 자립심이 왕성하고, 주인에게 충성스럽지만 공격성이 있다
걸리기 쉬운 질병 피부질환, 관절질환

내한성 / 운동량 30분×2 / 손질

상황판단력이 좋다
훈련받기를 좋아한다
사회성·협조성이 있다
우호적
건강관리가 쉽다
초보자 적합

필드 스패니얼
Field Spaniel

비단결 같은 털을 가진, 기품이 넘치는 조렵견

우아하고 가족 생각이 극진한 스패니얼

비단결처럼 매끄러운 털과 차분한 색이 기품 있어 보이는 필드 스패니얼은 잉글리시 코커스패니얼을 토대로 미국에서 탄생시킨 견종이다.

기품이 넘치는 인상과는 달리 매우 온순한데, 가족에게 애정이 극진하고 배려심 있고 복종하며 잘 따른다. 스패니얼의 온순한 성격을 그대로 물려받아서 안심하고 어린아이의 놀이상대를 맡길 수 있다.

아름다운 털을 유지하려면 매일 빗질이 기본이며, 귀끝이나 사지의 장식털은 더러워지기 쉬우므로 잘 체크해야 한다. 또 겨울에는 귀끝의 털이 젖으면 동상에 걸릴 수 있으니 조심해야 한다.

운동량은 많이 필요하지 않다. 조렵견 출신이라 수상한 냄새를 맡으면 추적하기도 하지만 그 외에는 문제없이 산책 시킬 수 있을 것이다.

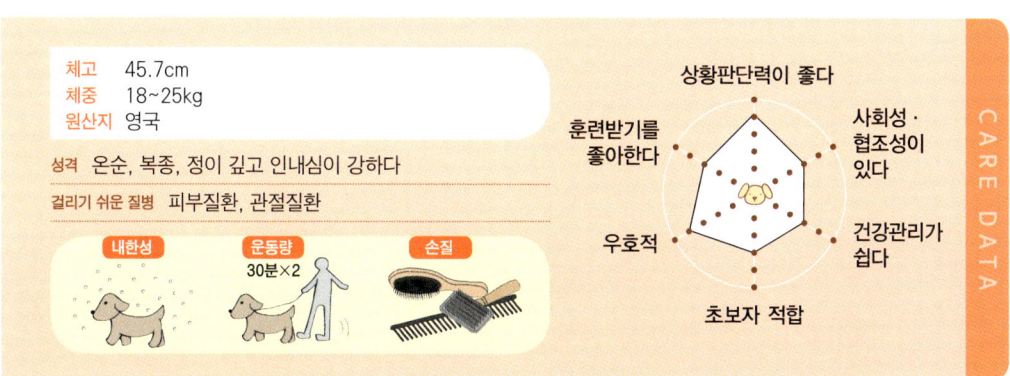

마렘마 십독
Maremma and Abruzzes Sheepdog

영국에서 메이저화 된 하얀 목양견

납득하지 못하면 행동하지 않는다

조금 작은 소형 그레이트 피레네처럼 보이지만 역사는 더 길어서 약 200년 전부터 알려져 있었고, 그레이트 피레네의 토대가 된 견종이라고 한다. 이탈리아에서 목양견으로 일하다가 1872년 영국으로 건너와 널리 알려졌다.

온순하고 가족에게 배려심 있는 태도로 대한다. 스스로 판단을 내리고 행동할 줄 알지만, 납득할 수 없을 때는 민첩하게 움직이지 않는다. 따라서 훈련을 시키려면 주인의 끈기와 노력이 필요하다.

운동량은 매우 많이 필요한데, 개를 납득시켜야만 하므로 매일 장시간의 산책을 각오해야 한다.

CARE DATA

- 체고: 수컷 65~73cm · 암컷 60~68cm
- 체중: 수컷 35~45kg · 암컷 30~40kg
- 원산지: 이탈리아
- 성격: 온순하지만 자립심이 강하고 완고하다
- 걸리기 쉬운 질병: 관절질환, 외이염
- 내한성 / 운동량 60분×2 / 손질

- 상황판단력이 좋다
- 사회성·협조성이 있다
- 건강관리가 쉽다
- 초보자 적합
- 우호적
- 훈련받기를 좋아한다

브리아드
Briard

견종번호 113
대형견 | 그룹 1

복슬한 털로 뒤덮인 고참 프랑스견

배려심이 넘치는 털북숭이

8세기 초의 태피스트리에 브리아드로 보이는 개가 그려져 있을 만큼, 프랑스가 원산지인 견종 중에서 상당히 오래된 것으로 알려져 있다. 옛날에는 브리아드를 키우는 것이 곧 지위를 나타내던 시절도 있었다.

생긴 이미지대로 온순하고 가족에게 애정이 깊으며 아이들에게도 다정하다. 게다가 가족 생각이 극진해서 위험을 느끼면 아이를 지켜준다. 프랑스나 영국에서는 늘어진 귀지만, 스페인 등에서는 단이하여 선 귀를 가진 브리아드를 볼 수 있다.

브리아드는 운동을 고대하고 있으므로 일일운동은 장시간 필요하며 충분히 상대해주는 것이 좋다.

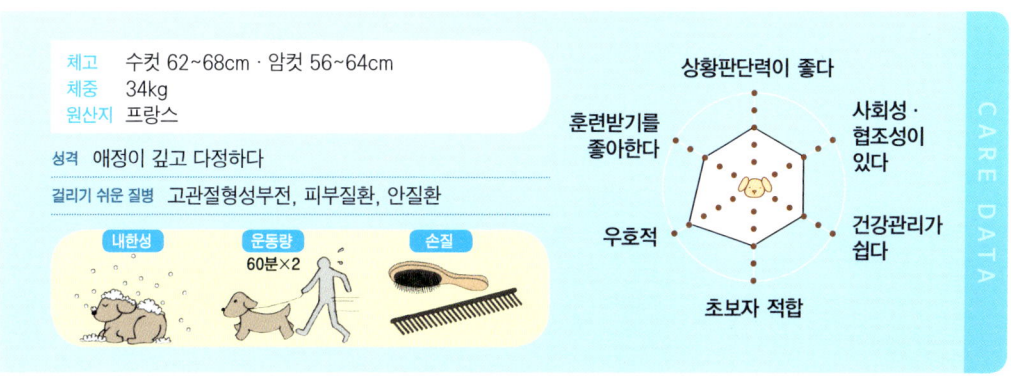

체고 수컷 62~68cm · 암컷 56~64cm
체중 34kg
원산지 프랑스
성격 애정이 깊고 다정하다
걸리기 쉬운 질병 고관절형성부전, 피부질환, 안질환

내한성 | 운동량 60분×2 | 손질

CARE DATA

상황판단력이 좋다
훈련받기를 좋아한다
사회성·협조성이 있다
우호적
건강관리가 쉽다
초보자 적합

티베탄 마스티프
Tibetan Mastiff

견종번호 230
대형견 | 그룹 2

다양한 마스티프의 원종

고대 중국의 용맹한 번견

도키라는 별명이 있는 티베탄 마스티프는 중국에서는 이미 3000년 전부터 번견으로 알려져 있었으며 마르코 폴로도 목격한 이 견종을 토대로 세계의 다양한 마스티프가 탄생되었다.

어딘지 밉지 않고 애교 있는 얼굴이지만 실제로는 경계심이 강하고 낯선 사람에게는 짖어대며, 경우에 따라서는 공격하기도 한다. 하지만 반려가족에게는 애정이 깊고 온순하며 믿음직한 번견이다.

이 초대형견을 컨트롤하려면 새끼 때부터 커뮤니케이션과 확실한 훈련이 필요하고, 그것이 갖추어진 후에야 어엿한 번견으로 성장한다. 추위에는 매우 강해서 어떤 기후에도 견뎌낼 수 있지만, 한여름의 더위에는 무척 취약한 만큼 습기나 기온이 높을 때는 항상 서늘한 환경을 만들어주도록 한다.

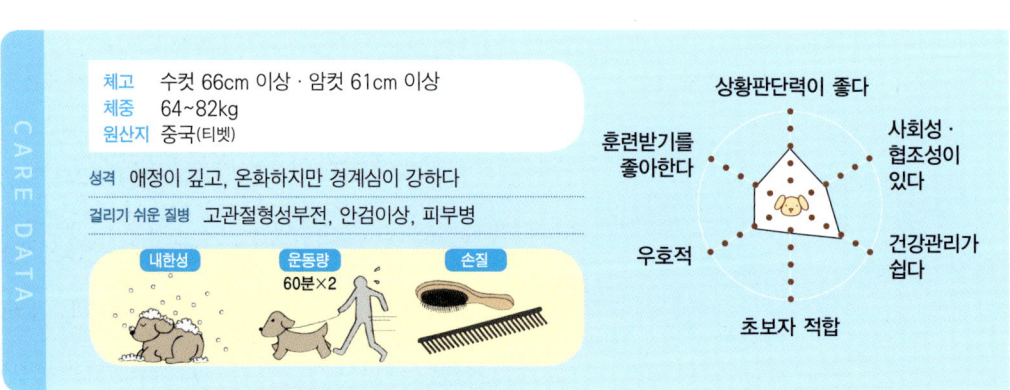

브라질리언 가드 독

Brazilian Guard Dog

견종번호 225
대형견 | 그룹 2

충성심이 넘치는, 별명 브라질리언 마스티프

가족의 안전을 지키는 믿음직한 번견

확실한 기원은 알 수 없지만 15세기에 존재했던 영국의 마스티프, 불독 등의 투견과 스패니시 마스티프, 블러드하운드 등을 교배시켜 탄생했다. 남미에는 1800년대에 포르투갈과 스페인의 군대를 통해 들어온 것으로 추정된다. 블러드하운드의 뛰어난 취각과 마스티프의 강한 경계심, 불독의 용감함을 겸비한 대형 견종이다.

겉모습은 마스티프답게 다소 무섭지만 반려가족에게는 매우 복종하고 충성심이 있다. 경계심이 강한 만큼 가족의 안전을 지키기 위해서 믿음직스러운 번견으로 활약한다.

운동량이 많아 넓은 공간에서 사육하는 것이 바람직하다. 또 얼굴의 주름을 잘 관리하여 청결을 유지해야 한다.

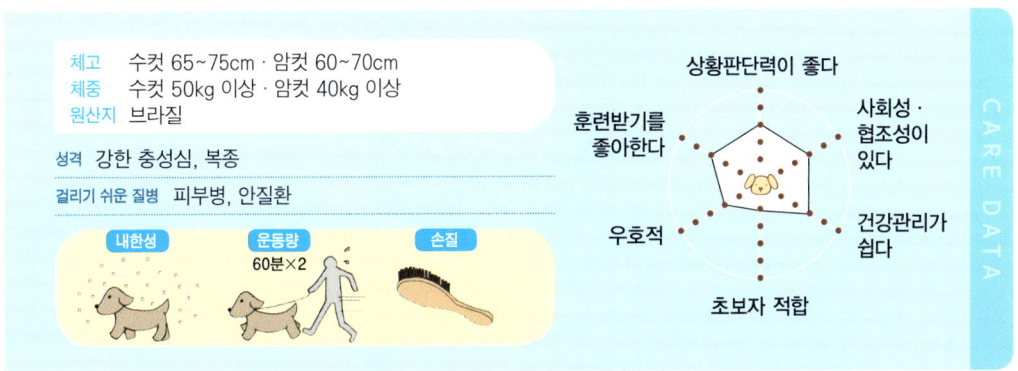

아이리시 레드 앤 화이트 세터
Irish Red and White Setter

견종번호 330
대형견 그룹 7

흰 바탕에 붉은 점무늬를 가진 아일랜드산 세터

스피드가 넘치는 터프한 개

흰색이 들어간 아이리시 세터의 컬러 타입으로 성격은 다소 차이가 있다. 역사적으로는 16세기부터 기록이 남아 있고, 17세기에는 많은 회화에 등장할 정도로 인기가 있었다. 그 후 멸종 위기에 처했다가 부활했고, 1989년 FCI에 공인되었다.

꽤 온순한 성격이지만 젊은 개체는 다소 침착성이 떨어진다. 반려가족에게 복종하고 항상 함께 있기 좋아해서 조금이라도 떼어놓으면 불안한 나머지 스트레스를 받는 경우가 있으므로 주의가 필요하다.

스피드나 스태미너가 아이리시 세터보다 뛰어나며, 매일 최소 1시간의 운동을 2회가량 시켜야 한다.

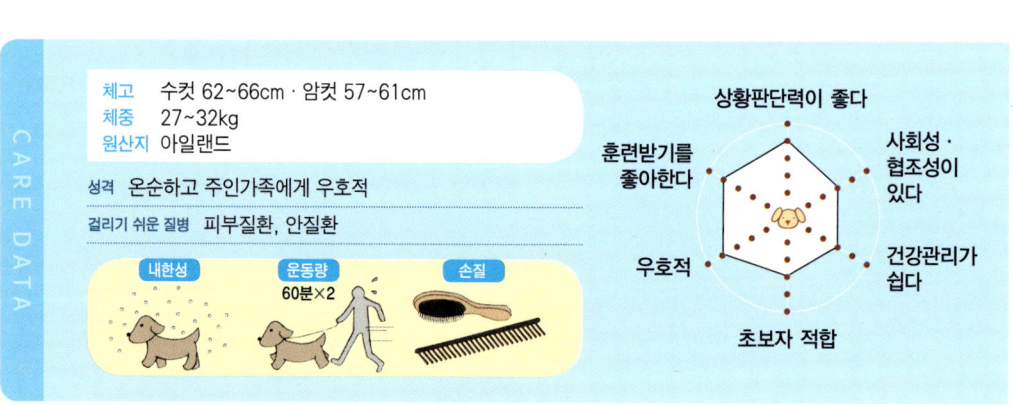

CARE DATA

체고 수컷 62~66cm · 암컷 57~61cm
체중 27~32kg
원산지 아일랜드

성격 온순하고 주인가족에게 우호적

걸리기 쉬운 질병 피부질환, 안질환

내한성 | 운동량 60분×2 | 손질

상황판단력이 좋다
사회성·협조성이 있다
건강관리가 쉽다
초보자 적합
우호적
훈련받기를 좋아한다

코튼 드 튜레어
Coton de Tulear

견종번호 283
소형견 | 그룹 9

번견이 되는 마다가스카르 출신 애완견

귀여운 고집쟁이

견종 중에는 드물게 아프리카 대륙의 동쪽에 떠 있는 마다가스카르 섬이 원산지다. 옛날에 선원들이 마다가스카르 섬에 데리고 간 솜털 견종이 조상으로 추정되며, 후에 프랑스로 건너가 프랑스 이름인 코튼 드 튜레어가 되었다.

물장난을 좋아하고, 헤엄을 잘 친다. 귀엽게 생겼지만 상당히 고집스러운 면이 있으며 주인에게는 복종해 마다가스카르에서는 번견으로 중요하게 키웠다.

일일운동량이 많이 필요하지 않은 대신 그만큼 충분히 커뮤니케이션을 하고 애정을 쏟아주어야 한다. 비단결 같은 털을 유지하려면 매일 빗질을 거르지 않아야 한다.

한국 진도견

견종번호 334
중형견 | 그룹 5

Korea Jindo Dog

경계심이 강하고 이상을 감지하는 능력이 뛰어난 한국의 개

일본견의 선조일지도!?

한국 진돗개(진도견)는 일본개의 선조가 아닐까 추측될 만큼 일본개와 많이 닮았다. 특히 검은털은 쿠로시바를, 호랑이털은 카이견을, 흰털은 키슈견과 비슷하다. 확실한 기록이 없어 정확한 사실은 알 수 없지만, 일본의 많은 견종이 조몬시대에 대륙에서 건너온 점을 생각한다면 아주 옛날 한 조상에서 비롯됐을 가능성이 있다.

주인과 가족에게 매우 충성스럽고 깊은 애정을 표현한다. 경계심이 강하고 이상을 감지하는 능력이 뛰어나 수상한 사람이 접근하면 짖거나, 상황에 따라서는 가차 없이 공격적인 모습을 보이기도 한다. 믿음직스러운 번견이며 동아시아에서는 건강관리에 크게 손이 가지 않으므로 꽤 키우기 쉬운 견종이라고 할 수 있다.

CARE DATA

체고 수컷 50~55cm · 암컷 45~50cm
체중 수컷 18~23kg · 암컷 15~19kg
원산지 한국

성격 충실하고 경계심이 강하다

걸리기 쉬운 질병 알레르기 질환

내한성 | 운동량 30분×2 | 손질

상황판단력이 좋다
사회성·협조성이 있다
건강관리가 쉽다
초보자 적합
우호적
훈련받기를 좋아한다

에스트렐라 마운틴 독

Estrela Mountain Dog

포르투갈에서 인기 높고 골격이 튼튼한 호양견

경계심이 강하고 우수한 번견

포르투갈의 중부에 있는 에스트렐라 산지가 고향인 에스트렐라 마운틴 독은 옛날부터 늑대에게서 양떼를 지키는 호양견으로 잘 알려진 견종이다. 얼핏 레온베르거와 비슷하게 생겼지만 레온베르거보다 골격이 단단하며 포르투갈에서 인기가 높은 견종 중 하나이다.

매우 용감한 성격이며 수상한 것이 있으면 바로 공격적으로 돌변한다. 그 기질을 이용해 경찰견이나 군용견으로도 활동하고 있다.

운동신경이 발달되어 있고 운동량이 많이 필요하며 산책 외에도 넓은 곳에서 자유롭게 뛰며 운동시키는 것이 좋다. 애정 어린 커뮤니케이션을 통해 스트레스를 발산시킨다면 가족에게 순종적이고 믿음직스러운 번견이 될 것이다.

베르나 하운드

견종번호 59
중형견 | **그룹 6**

Berner Hound

스위스에서 자란 뛰어난 수렵견

후각과 스태미너에 자신만만

스위스에서 수렵견으로 사육되던 이 견종은 유럽에서는 베르나 라푼트라는 이름으로 유명하다. 예전에는 스위스에도 하운드가 많았지만 지금은 찾아보기 힘들다.

현재는 소형과 중형 하운드가 있는데, 중형 하운드인 베르나 라푼트는 슈바이처 라푼트의 네 가지 타입 중 하나이며, 네 타입 모두 견종번호는 동일하다.

사냥능력이 우수해 인기가 높으며 후각과 스태미너가 뛰어나고, 사냥감을 쫓으며 주인에게 알려줄 수 있는 우렁찬 목소리를 가졌다.

프랑스에서는 별로 인기가 높지 않지만 토끼사냥을 하기 위해서는 빼놓을 수 없는 견종으로 인식되어 있다. 또 주인에게는 매우 순종적이다.

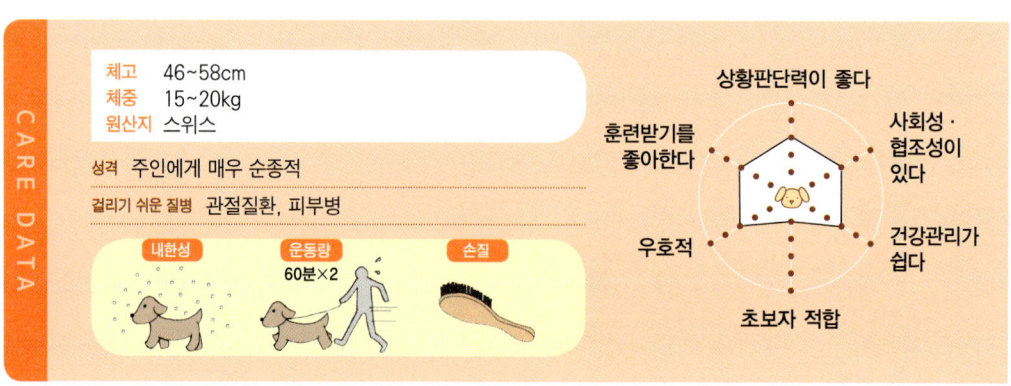

쿠바츠

Kuvasz

견종번호 54 / 대형견 / 그룹 1

원래는 늑대나 멧돼지 사냥개로 활약

아이에게 다정하고 헌신적인 번견

예전에는 늑대나 멧돼지사냥에 이용되던 순백의 늠름한 쿠바츠는 뛰어난 취각능력이 높이 평가되어 가축을 지키는 작업견으로 변화했다. 헌신적으로 가족을 지키려는 용기와 호기심으로 가득하고, 특히 아이들에게는 다정하고 또 인내심 강하게 지키려 한다. 경계심이 강해서 웬만해서는 낯선 사람을 받아들이지 않지만, 일단 인식하면 예의바르게 대응한다.

지능이 높은 쿠바츠는 훈련의 이해가 빨라 일반 가정에서도 믿음직스러운 번견으로 사육되고 있다.

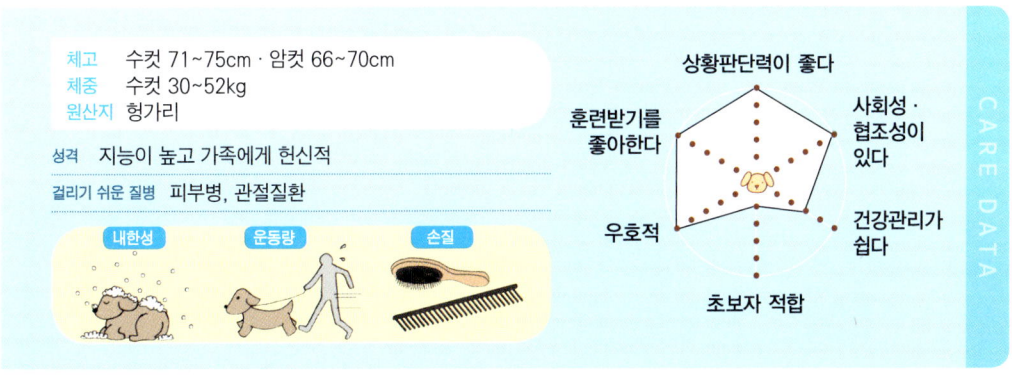

체고 수컷 71~75cm · 암컷 66~70cm
체중 수컷 30~52kg
원산지 헝가리
성격 지능이 높고 가족에게 헌신적
걸리기 쉬운 질병 피부병, 관절질환

내한성 / 운동량 / 손질

CARE DATA

상황판단력이 좋다
사회성·협조성이 있다
건강관리가 쉽다
초보자 적합
우호적
훈련받기를 좋아한다

멕시칸 헤어리스 도그

견종번호 234
소형견 | 그룹 5

Mexican Hairless Dog

고대 아즈텍 부족과 밀접한 관계가 있는 개

옷을 입혀 피부를 보호하자

기원전 1500년경의 아즈텍 부족과 밀접한 관련이 있는 견종이다. 체온이 높아서 환자의 체온유지나 관절염 환자의 환부를 따뜻하게 하는 데 이용되었고 100년 전까지만 해도 기상이변으로 기근이 들면 식용으로도 이용되었다.

머리 위에 약간의 털이 난 것 외에는 거의 털이 없는 헤어리스 도그이므로 피모손질은 필요 없지만 정기적인 입욕과 피부손질을 해야 한다.

또 몸을 보호하는 피모가 없는 만큼 온도변화에 민감하므로, 추운 겨울에는 난방을 하거나 옷을 입혀 몸을 따뜻하게 유지시키고, 햇살이 강한 여름처럼 더운 계절에는 냉방을 하거나 피부보호를 위해 옷을 입혀야 한다. 또 피부보호를 위해서 강아지용 스킨크림을 사용하도록 한다.

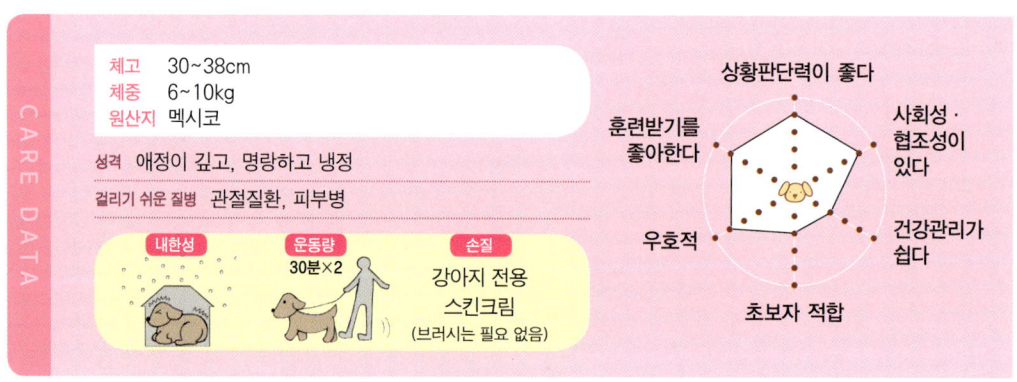

코몬도르

Komondor

견종번호 53
대형견 | 그룹 1

늑대의 이빨로부터 몸을 지키는 드레드헤어

아이에게 다정하고 반려인에게 충실

겉모습만 봐서는 날쌘 동작이 불가능할 것 같지만 늑대와 맞서 싸우며 가축을 지켜온 어엿한 가드견이다. 코몬도르의 특징인 드레드헤어의 피모는 늑대 등의 이빨이 피부까지 닿지 못하게 하는 갑옷 역할과 추위로부터 몸을 지키는 방한 역할을 했다. 오랜 시간 동안 완성된 이 피모는 목양견으로 일하는 데 빼 놓을 수 없는 중요한 요소였다.

기질적으로 애정이 깊지는 않지만 아이들과 다정하게 잘 놀아주고 주인에게 충실하다. 쇼도그 중에는 소중한 피모가 바닥에 끌리지 않도록 리본으로 정리해서 묶는 경우도 있다.

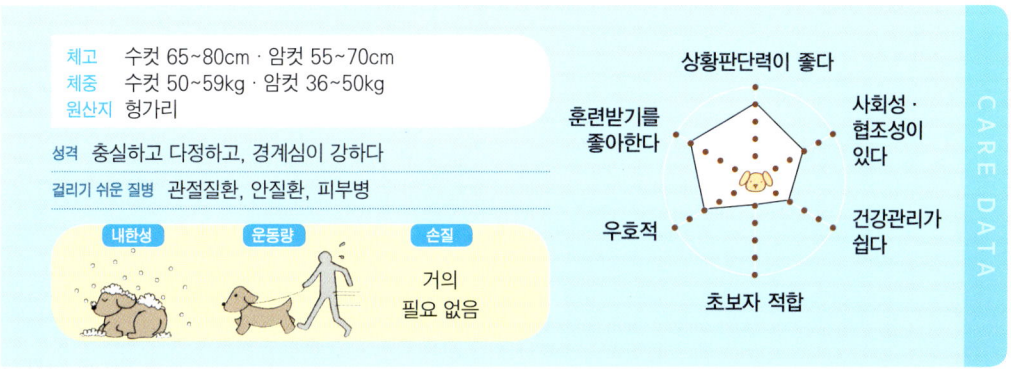

체고 수컷 65~80cm · 암컷 55~70cm
체중 수컷 50~59kg · 암컷 36~50kg
원산지 헝가리

성격 충실하고 다정하고, 경계심이 강하다
걸리기 쉬운 질병 관절질환, 안질환, 피부병

내한성 | 운동량 | 손질 거의 필요 없음

CARE DATA

상황판단력이 좋다
사회성·협조성이 있다
건강관리가 쉽다
초보자 적합
우호적
훈련받기를 좋아한다

베르제 드 보스

견종번호 44
대형견 그룹 1

Berger de Beauce

르네상스시대의 문서에도 남아 있는 호양견

온화하고 다정하고 놀기 좋아하는 개

가족에게 충실한데다 온순하고 다정다감해서 아이들과도 잘 지낸다. 또 가축을 지키는 호양견으로 활약했던 만큼 경계심이 강해 번견으로도 우수하다. 유럽의 몇 개국에서는 베르제 드 보스의 단이와 단미를 행하고 있는데 그 모습은 마치 도베르만을 연상시킨다. 단미・단이가 금지된 영국 등의 국가에서는 자연스타일을 볼 수 있다.

르네상스시대인 1578년의 문서에 이 견종으로 추정되는 개에 대한 묘사가 있을

만큼 오랜 역사를 가졌다. 원산지가 보스 지방이어서 베르제 드 보스라는 견종명이 붙었다. 별명은 보스롱.

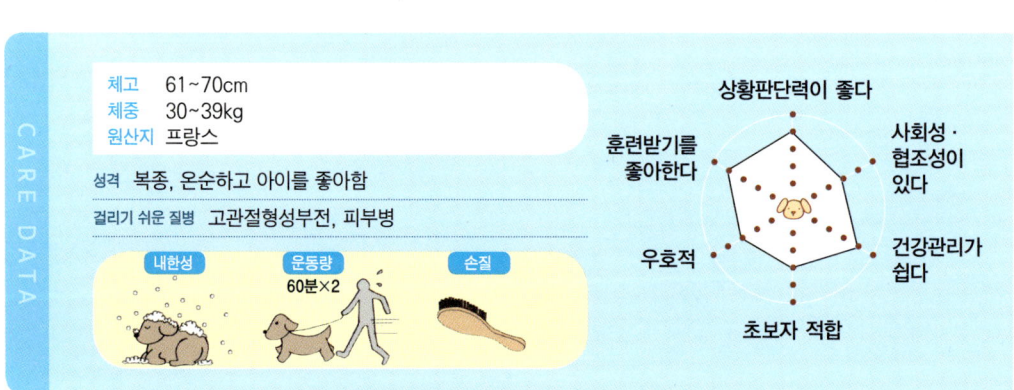

노르웨이안 부훈트

Norwegian Buhund

뛰어난 능력으로 파트너 개로도 최적

도시생활에 적응할 수 있을까?

1920년대에 처음 쇼에 출장한 이후 1939년에야 이 견종의 켄넬클럽이 설립되었다. 긴 역사를 가진 이 견종은 가축을 지키는 번견으로 활약했다.

우호적이고 명랑한 노르웨이안 부훈트는 기억력이 좋고 학습능력도 높은데다 번견 등의 일도 열심히 하므로 매우 멋진 파트너가 될 것이다. 도시생활에 순응하겠지만 매우 많은 운동량이 필요하고, 훈련이 부족할 경우 잘 짖으므로 아파트나 주거 밀집지역에서는 이웃에 피해를 줄 수도 있다.

체고 41~46cm
체중 18kg
원산지 노르웨이

성격 기억력이 좋고 우호적
걸리기 쉬운 질병 피부병

내한성 / 운동량 60분×2 / 손질

상황판단력이 좋다
훈련받기를 좋아한다
사회성·협조성이 있다
우호적
건강관리가 쉽다
초보자 적합

CARE DATA

찾아보기

ㄱ

고든 세터	234
골든 리트리버	78
그레이트 데인	138
그레이트 재패니즈 도그	206
그레이하운드	200
기슈견	189

ㄴ

나폴리탄 마스티프	184
노르웨이안 엘크하운드	213
노르웨이안 부훈트	263
노리치 테리어	194
노바 스코샤 덕 톨링 리트리버	214
노포크 테리어	148
뉴펀들랜드	139

ㄷ

닥스훈트	28
달마시안	112
댄디 디몬트 테리어	163
도고 아르헨티노	227
도베르만	122
도사견	245
디어하운드	228

ㄹ

라사 압소	165
라지 먼스터랜더	209
래브라도 리트리버	62
러프 콜리	160
레온베르거	172
레이크랜드 테리어	174
로디지안 리지백	203
로첸	240
로트와일러	142

ㅁ

마렘마 십독	250
마스티프	232
말티즈	72
맨체스터 테리어	239
멕시칸 헤어리스 도그	260
미니어처 불 테리어	137
미니어처 슈나우저	66
미니어처 핀셔	84

ㅂ

바센지	141
바셋 하운드	133
버니즈 마운틴 도그	100
베들링턴 테리어	171
베르나 하운드	258
베르제 드 보스	262
벨지안 그리펀	221
벨지안 셰퍼드 독 그로넨달	179
벨지안 셰퍼드 독 라케노이즈	242
벨지안 셰퍼드 독 마리노이즈	187
벨지안 셰퍼드 독 테뷰런	164
보더 콜리	92
보더 테리어	192
보르도 마스티프	196
보르조이	131
보비에 드 플란더스	204
보스턴 테리어	94
복서	130
볼로네즈	166
불 마스티프	193
불 테리어	176
불독	104
브라질리언 가드 독	253
브뤼셀 그리펀	155
브리아드	251
브리타니 스패니얼	191
블러드하운드	246
비글	76
비숑 프리제	126
비어디드 콜리	161
빠삐용	46
쁘띠 바셋 그리펀 벤딘	154
쁘띠 브라바콘	225

ㅅ

사모예드	156
살루키	150
샤페이	198
세인트 버나드	136
셰틀랜드 십독	88
스무스 콜리	222
스무스 폭스 테리어	223
스카이 테리어	237
스코티시 테리어	132
스키퍼키	178
스태포드셔 불 테리어	177
스탠더드 슈나우저	188
스페니시 마스티프	217
슬루기	216
시바견	70
시베리안 허스키	128
시추	54
시코쿠견	224
실리엄 테리어	167

ㅇ

아메리칸 스태포드셔 테리어	170
아메리칸 코커스패니얼	86
아이리시 레드 세터	134
아이리시 레드 앤 화이트 세터	254
아이리시 소프트 코티드 휘튼 테리어	233
아이리시 울프하운드	181
아이리시 테리어	220
아키타견	145
아펜핀셔	219
아프간하운드	144
알래스칸 말라뮤트	168
에스트렐라 마운틴 독	257
에어데일 테리어	151
오스트레일리안 셰퍼드	153
오스트레일리안 실키 테리어	241
오스트레일리안 캐틀 도그	180
오스트레일리안 켈피	195
오스트레일리안 테리어	202
올드 잉글리시 쉽독	152
와이머라너	135
와이어 폭스 테리어	110
요크셔테리어	42
웨스트 하일랜드 화이트 테리어	96
웰시 스프링거 스패니얼	243
웰시 코기 카디건	149
웰시 코기 팸브룩	50
웰시 테리어	169
이비잔 하운드	247
이탈리안 그레이하운드	102
잉글리시 세터	185
잉글리시 스프링거 스패니얼	140
잉글리시 코커스패니얼	106
잉글리시 포인터	226

ㅈ

자이언트 슈나우저	190
재패니즈 스피츠	114
재패니즈 테리어	159
잭 러셀 테리어	90
저먼 셰퍼드 독	120
저먼 쇼트헤어드 포인터	210
저먼 와이어헤어드 포인터	235
저먼 헌팅 테리어	248

ㅊ

차우차우	173
차이니스 크레스티드 도그	146
체서피크 베이 리트리버	205
치와와	34
친	118

ㅋ

카발리에 킹 찰스 스패니얼	74
카이	147
컬리 코티드 리트리버	211
케리 블루 테리어	183
케언 테리어	116
케이스혼드	207
코몬도르	261
코튼 드 튜레어	255
쿠바츠	259
쿠이커혼제	182
클럼버 스패니얼	201
킹 찰스 스패니얼	212

ㅌ

타이 리지백 도그	218
토이 맨체스터 테리어	158
티베탄 마스티프	252
티베탄 스패니얼	157
티베탄 테리어	175

ㅍ

파라오 하운드	231
파슨 러셀 테리어	199
퍼그	80
페루비안 헤어리스 도그	244
페키니즈	98
포르투갈 워터 도그	197
포메라니안	58
폴리시 로랜드 쉽독	162
푸들	38
푸미	229
풀리	186
프렌치 불독	82
플랫 코티드 리트리버	108
피레니안 마스티프	230
피레니안 마운틴 도그	124
피레니안 쉽독	236
필드 스패니얼	249

ㅎ

한국 진도견	256
헝가리안 쇼트헤어드 비즐라	208
홋카이도견(아이누견)	215
화이트 스위스 셰퍼드 독	238
휘핏	143